KB200348

예배를 통한
이 땅의 부흥을 꿈꾸며

예배 콘티 작성의 원리와 실제

예배 콘티 작성의 원리와 실제

**초판발행** 2017년 9월 25일

지은이 | 박철순
발행인 | 박철순
발행처 | 워쉽빌더스 출판부 (2015.04.24.제406-2015-000062호)
주  소 | 경기도 파주시 송화로13,105동 404호(아동동,팜스프링아파트)
인쇄처 | 애드플러스
제본소 | 경문제책
총  판 | 두란노서원
판  권 | ⓒ 워쉽빌더스
ISBN | 979-11-955354-0-8  13230

# 예배 콘티 작성의 원리와 실제

박철순

내가 여호와께 바라는 한 가지 일 그것을 구하리니
곧 내가 내 평생에 여호와의 집에 살면서 여호와의 아름다움을 바라보며
그의 성전에서 사모하는 그것이라
- 시편 27편 4절 -

예배는 예배로 끝날 수 없고 삶으로 이어져야 한다는 의식이 살아 있는 예배인도자를 찾아보기 드물어진 시대입니다. 박철순 간사는 주님 앞에 나아가 끊임없이 자신을 드러내는 정직한 삶의 흔적을 그의 대화 속에서 볼 수 있는 진정한 예배자입니다. 이런 자기 관리가 하나님의 은혜 속에서 되어지기를 원하는 마음으로 하나님 앞에 나아가는 우직함이 있기에 그의 사역을 통하여 습득된 예배 인도에 대한 실제적인 가이드로서의 예배콘티 작성의 원리와 실제는 하나님의 영광을 나타내는 예배의 길로 들어가는 길을 제시해 줄 것입니다. 이 책이 예배의 위기를 맞고 있는 이 시대에 예배자를 격려하고 세우는 귀한 도구가 될 것을 믿으며 기쁜 마음으로 추천합니다.

**김진호 목사** (예수마을 교회 담임, 미국다리놓는사람들 대표)

"형통이란 하나님의 은총과 인간의 준비가 만나는 자리에 있다"는 말이 있습니다. 그 말은 하늘에서 불을 내리는 분이 하나님이시라도 누가 땅에다 장작더미를 많이 쌓았느냐에 따라 그 화력은 달라진다는 의미입니다. 우리가 하나님을 예배하는 것조차 기름 부어주시는 하나님의 은혜가 없다면 무슨 감격과 변화의 역사가 있겠습니까? 그러나 하나님의 역사는 실로 인간의 성실한 준비를 필요로 합니다. 그런 점에서 이 책은 우리가 하나님의 깊은 임재가운데로 들어가는 예배를 드리기 위해 마치 귀하게 모여진 장작더미와 같습니다. 예배인도사역 30년의 경험을 통한 예배의 본질과 사역의 노하우를 축적하고 있는 저자는 성육신적인 관점에서 예배인도자와 예배자들 사이에 성령이 이끄시는 아름다운 은혜의 소통이 일어나도록 집을 짓는데 없어서는 안 될 설계도면 같은 예배 콘티 작성의 원리와 실제를 준비했습니다. 많은 예배사역자와 예배인도자들에게 이 책이 예배의 집을 짓는 귀한 도구가 되기를 소망합니다.

조건회 목사 (현, 한국다리놓는사람들 이사장, 예능교회 담임)

박철순 간사님은 한국 교회의 예배가 전기를 맞는 과정에서 중요한 역할을 담당했습니다. 찬양과경배운동이 크게 일어난 1990년대에는 임마누엘선교단에서, 그리고 2000년대에는 임마누엘을 비롯한 여러 단체가 통합하여 세운 다리놓는사람들과 어노인팅에서 사역을 하면서 청년들의 예배 운동의 중심에 서 있었습니다. 그리고 이 운동의 열매가 지역교회에 열린 2010년대에는 지역교회의 예배사역자로 헌신해 왔습니다. 이 책은 그 모든 과정을 통해 얻은 풍부한 경험을 담고 있어서, 예배사역자들에게 필요한 지혜의 통로가 될 것입니다.

　　　　　　　　박정관 목사 (문화연구원소금향 원장, 충신교회 협동목사)

목회경험에서 설교만큼 어려운 일은 상황에 맞는 찬송을 고르는 일이다. 설교는 무진장한 선택과 낯선 것에 열려 있다면 찬송은 그렇지가 못하다. 모르는 찬송을 선택하는 것은 이해 받기가 어렵다. 또한 넘어야 할 장벽은 부르고 싶은 곡이 세대마다 제한 되어 있고 서로 다르다는 것이다. 지금은 어느 때 보다 찬송에 대한 지혜와 섬김의 정신이 요구된다. 이 책에는 오랫동안 예배현장에서 건져 올린 지혜와 교훈이 들어 있다. 경험과 균형의 가치를 아는 예배인도자들에게 필수적인 책이 되리라고 믿는다.

**정종원 목사** (아이엠처지 담임, 꿈이있는자유)


오랜 세월 동안 한국교회의 예배 현장에서 신실하게 기름부으심 있는 예배를 인도해 온 박철순 형제의 귀한 책의 출간을 축하합니다. 저는 저자가 수많은 예배인도의 자리에서 뿐 만 아니라 삶의 근본적인 토대로서의 예배와 예배자의 삶을 늘 고민해 오는 것을 보아왔습니다. 그런 삶을 살아왔기에 나눌 수 있는 확고한 원칙들과 조언들이 녹아있는 이 책이 교회와 찬양모임에서 예배인도를 섬기고 있는 분들에게 실질적인 도움을 줄 것을 저는 확신합니다. 지난 30년간 수많은 곳에서 예배자들을 섬겨온 박철순 형제의 이 책을 통해서 더 깊은 차원의 찬양과 경배의 부흥이 일어나길 소망합니다. 저자가 꿈꾸는 것처럼 참된 예배의 회복을 통해 이 땅에 부흥이 일어나는 영광스러운 날을 함께 꿈꾸면서!

**고형원 대표** (부흥한국 공동대표, 한국크리스천음악저작자협회 회장)

찬양사역자는 단순히 몇 곡의 찬양을 인도하는 기능인이 아닙니다. 영광스런 예배가 이루어지기 위하여 예배의 한 중심에서 예배를 섬기고 인도하는 예배인도자입니다. 저는 박철순 전도사님의 사역을 가까이에서 보면서 이 사실을 눈으로 확인할 수 있었습니다. 그는 예배에 대해서 말할 수 있는 흔치 않은 사람들 중에 한 사람입니다. 그것은 한평생 예배사역에 헌신해온 그의 관록뿐만이 아니라, 매 주일 마다 두렵고 떨리는 마음으로 예배를 준비하는 그의 사역이 이것을 말해줍니다. 오랜 시간 영광스런 예배를 위한 그의 내적인 씨름의 결과가 책으로 나오게 되어 얼마나 기쁜지 모릅니다. 이 책은 실제적인 지침에서 출발하지 않고, 예배의 본질과 인도자에게 필요한 영적 기초에서 부터 출발합니다. 그러기에 예배인도자 뿐만 아닌, 모든 성도들을 향한 강력한 도전과 지침이 된다고 확신합니다. 영광스런 예배를 꿈꾸는 모든 성도들과 예배인도자들에게 필독을 권하고 싶습니다.

박지웅 목사 (내수동교회 담임)

예배에 대한 이론적이고 신학적인 내용의 책은 많이 있었지만 실제 교회와 사역지에서 예배 인도자와 연주자, 그리고 찬양팀 전체에게 구체적으로 적용할 수 있는 책은 드물었던 게 현실이다. 이 책은 무엇보다도 구체적이고 실제적인 지침서다. 30년 박철순 형제의 사역 경험이 녹아있는 집약이라고 볼 수 있다. 분명 고민을 안고 있는 찬양인도자와 찬양팀 모두에게 큰 도움이 되리라 확신한다.

김대형 (세션 드러머, 실용음악과 교수)


예배인도자 박철순 그가 예배인도자의 길을 시작할 때는 관심 갖는 이 거의 없었지만, 한해 두해 그리고 십년 이십년 시간이 쌓이다 보니 어느새 많은 이가 알아주는 사람이 되었고 그가 그렇게 걸어온 그 길은 어떤 이들이 꿈꾸며 가고 싶은 길이 되어버렸습니다. 그 과정에서 맨몸으로 부딪혀가며 배우고 경험했던 것들과 수많은 시행착오들을 재료삼아 그 길을 함께 걸어가는 이들과 또 그 길을 걸어보겠다 하는 이들에게 도움이 될 이야기들을 열심히 풀어내었습니다. 모쪼록 바라기는 애정을 담아 길어낸 이 글들이 이 땅의 예배인도자들과 예배팀을 신실한 예배자로 세우는데 필요한 밑거름으로 잘 사용되어졌으면 참 좋겠습니다.

양재혁 (라이브 엔지니어)

예배는 인간이 경험할 수 있는 최고의 영적인 사건입니다. 거룩하신 하나님 앞에서 찬양으로 나아가며 엎드려 경배하는 것은 모든 성도가 누려야할 특권이자 부르심입니다. 예배는 있으나 예배의 감동과 감격이 사라진 이 시대에 정말 중요한 것은 그 예배를 섬기는 사역자들입니다. 성막에서 봉사했던 레위지파들처럼 오늘날 교회의 예배찬양사역자들이 정말 중요합니다. 그들을 바른 길로 인도할 수 있도록 한권의 책을 추천하라고 한다면 저는 이 책을 드리겠습니다. 한국교회의 예배의 부흥을 꿈꾸며...

김영진 목사 (새노래교회 담임)

언제나 예배인도자는 예배자여야 합니다. 그렇기에 결코 짧은 시간에 완성될 수 없는 포지션입니다. 그리고 그렇게 예배자로 오랜 시간 예배사역의 한 가운데에서 경험했던 사역의 실재가 그대로 녹아들어 있는 책이라 하겠습니다. 새로 출간된 책이지만 사역의 현장에서 오랜 시간 고민했던 흔적에 깊이가 녹아들어가 있는 묵은지 같은 책이라 하겠습니다. 그렇기에 많은 예배인도자들에게 영감을 주는 책이라 믿어 의심치 않습니다.

정신호 목사 (이커브 미니스트리 대표)

이 책은 그리스도의 몸 된 교회에 있어서 하나님께서 주신 축복입니다. 이 책을 통해 여러분은 예배사역에 대한 실제적인 지침과 탁월한 조언을 얻게 될 것입니다. 저자는 '예배인도자'라는 길을 20년 이상 신실하게 걸어오며 한국교회를 섬겨왔습니다. 개인적으로 저자와 오랜 시간 관계하는 가운데 그의 예배를 대하는 진실한 태도를 보면서 많은 부분에서 배울 수 있는 특권이 있었습니다. 저자의 신실한 삶과 사역을 통해 열매 맺혀진 이 책은 사역현장에서 예배사역을 섬기는 많은 예배 사역자들에게 실제적인 지침과 구체적인 모델들을 제시하고 있습니다. 그래서 예배사역을 섬기고 있거나 준비하는 분에게 필독서로 권하고 싶습니다. 이 책을 통해 한국교회의 예배가 새롭게 회복되기를 소망하며 기쁜 마음으로 추천합니다

이길우 전도사 (글로리어스워십 대표, 영광스러운교회 담임)

## 감사의 글

하나님 앞에서 예배를 배우며 걸어온 지난 시간을 돌아보면 이 모든 것이 하나님의 은혜였음을 고백하지 않을 수 없습니다. 무엇보다 감사한 것은 하나님께서 이 길을 함께 걸어갈 수 있는 좋은 선후배 동역자를 허락하신 것입니다. 삶과 사역을 통해 예배자의 본이 되어주신 정종원 목사님, 박명선 사모님, 늘 사랑과 격려로 함께해 주신 다리놓는사람들의 박정관 목사님, 김진호 목사님, 조건회 목사님, 박종암 목사님과 간사님들, 흔쾌히 추천의 글을 써주신 고형원 형님, 사랑하는 친구와 동역자들 김대형, 양재혁, 김영진, 정신호, 이길우님께 감사의 마음을 전합니다. 그리고 행복한 교회사역에 저를 동역자로 삼아주신 박지웅 목사님과 내수동교회의 교역자와 성도님들, 주님의 몸 된 교회를 섬기면서 받은 복은 이루 다 말할 수 없습니다.

예배를 통한 이 땅의 부흥을 꿈꾸며 지난시간 함께했던 임마누엘선교단, 다리놓는사람들, 어노인팅, 워십빌더스, 그리고 다 셀 수 없는 수많은 예배자들, 여러분과 함께 예배하며 하나님 나라를 꿈꾸었던 지난 시간들 너무나 행복했고 제 안에 아름다운 추억으로 남아있습니다. 여러분의 헌신이 이 땅의 예배를 위한 거룩한 씨앗이 되어 아름다운 열매 맺을 날을 기대합니다.

하나님 나라를 위한 귀한 동역자들, 유지연 장로님, 윤찬 실장님, 사랑하는 김진홍 집사님, 전선하 장로님, 이민재 집사님, 여러분과의 교제를 통해 지혜를 얻고 하나님의 마음을 배웁니다. 또한 책과 음반을 통해 예배의 영감과 열정을 불어넣어준 잭 헤이포드, 켄트 헨리, 앤디 팍, 타미 워커, 매트 레드맨, 여러분은 모두 제 삶과 사역의 귀한 선생님입니다.

이 책이 나오기까지 사랑으로 섬겨주신 명환 형님께 마음 깊은 곳으로부터 존경과 감사의 마음을 전합니다. 매의 눈으로 글 교정을 도와준 혜정자매 베리 쌩유. 마지막으로 하나님이 제 삶에 허락하신 사랑하는 아내 윤아미와 딸 하임에게 사랑과 감사의 마음을 전합니다.

예배를세우는사람들 대표
2017년 9월 박철순

# 차 례

3장. 예배 콘티 작성의 원리

1. 예배의 모델 이해(하나님과 교제의 과정 이해하기)
2. 예배곡 해석의 원리와 실제(노래에 생명력 불어넣기)
3. 예배에서의 소통 이해하기(대상, 내용, 영역, 방법)

4장. 예배 콘티 작성의 실제

1. 예배곡 선곡의 기초
2. 예배곡 선곡의 원리
3. 주제를 정하는 면에 대해서
4. 자연스러운 예배흐름 만들기
5. 예배에서의 다양한 변화
6. 예배 콘티 작성의 예

5장. 예배인도의 실제

1. 연습모임
2. 좋은 예배곡 편곡이란?
3. 예배곡 편곡의 실제
4. 예배를 위해 기도하십시오.

부 록
하나님의 부르심
성공적인 교회사역을 위한 세 가지 요소
예배사역의 훈련과 단계, 과정 안내
예배에서 싱어의 역할
예배팀 가이드라인
예배인도자를 위한 코드별 곡 모음
예배세트(좋은 예배 흐름)모음

# 예배인도자가 된다는 것은?

예배인도자에 대한 비전을 언제부터 갖게 됐느냐는 질문을 받을 때가 있습니다. 솔직히 말한다면 처음 이 사역을 시작할 당시만 해도 예배사역에 대한 개념이 우리나라에 정리되어 있지 않았고 지금처럼 예배인도자가 명성을 얻고 직업이 될 수 있다는 생각이 없었습니다. 처음부터 비전을 갖고 사역을 시작한 것이 아니라 하나님을 찬양하는 것이 좋아서 사역에 뛰어들었고 한 걸음 한 걸음 걷다 보니 하나님의 인도하심과 은혜로 지금의 자리까지 오게 된 것입니다.

고등학교 졸업 후 청년부에서 처음 찬양인도를 하게 됐는데 문제는 누구도 나에게 예배나 예배인도에 대해 가르쳐 주지 않았다는 것입니다. 예배가 뭔지도 모르고 아무런 준비 없이 사역에 뛰어든 것입니다. 초기 예배인도를 할 때 에피소드를 하나 나누면 찬양곡집에서 부를 노래를 접어놓고 넘기면서 곡을 연결해 불렀는데 악보를 넘길 수 없을 때에는 기도할 때도 아닌데 악보를 넘기기 위해 기도를 시켰던 일이 생각납니다. 그리고 가끔 서울 형님댁에 갈 기회가 있었는데 그때마다 광화문 구세군회관 예수전도단 화요모임에 가서 예배인도자가 인도하는 예배곡 순서를 열심히 적어서 그 순서로 예배를 인도했던 적도 있었습니다.

지금은 마음만 먹으면 예배자료(책, 음반, 영상)를 접하는 것이 어렵지 않고 예배를 배울 수 있는 곳이 많이 있지만 당시에는 예배자료를 구하거나 훈련받을 곳이 많지 않았습니다. 보통 이런 경우 예배인도자에게 가장 많은 영향을 끼치는 사람은 전임 예배인도자입니다. 예배는 이론이 아닌 실제로 체험을 통해 습득하고 배우는 것이기 때문입니다. 예배인도자를 훈련할 때 예배인도자로 세우기 전단계에서 싱어로 예배를 섬기도록 하는 이유가 여기에 있습니다. 함께 예배하면서 체험을 통해 자연스럽게 예배를 배울 수 있는 기회를 주는 것입니다. 이때 중요한 것은 좋은 모델(예배인도자)입니다.

제가 믿기로 좋은 예배자(예배인도자, 예배사역자)를 만드는 것은 좋은 예배라고 생각합니다. 만약 예배를 배울 수 있는 좋은 예배인도자나 예배모임이 없고, 목회자가 예배인도자를 훈련하고 양육할 수 없다면, 신뢰할 수 있는 예배인도자에게 훈련받기 원하는 사람을 연결시켜서 위탁교육을 할 수 있고, 예배(찬양)인도자로 사역하고 있지만 예배나 예배인도에 대해 훈련받은 적이 없다면 당신이 좋아하는 스타일과 예배철학을 가진 예배인도자를 만나서 훈련받는 것이 좋다고 생각합니다.

오늘날 교회마다 탁월한 예배(찬양)인도자가 되기를 소망하는 많은 사람들이 있습니다. 하지만 한 사람의 예배인도자가 세워지기 위해 어떤 과정이 있고, 대가지불을 해야 하는지에 대해 준비하는 사람은 많지 않은 것 같습니다. 우리가 음반이나 영상, 책을 통해 만나는 이 시대의 영향력 있는 사역자에게서 배워야 할 한 가지 중요한 원리는, 열매 맺고 영향력 있는 사역자가 되기 위해서는 반드시 광야와 같은 시간, 과정이 있다는 것입니다.

언젠가 예배인도자들이 모여서 대화를 나누던 중 좋은 예배인도자 한 사람이 세워지기 위해서는 적어도 10년 정도의 시간이 필요하다는 얘기를 나눈 적이 있습니다. 신앙적인 성숙과 영적인 면에 대한 이해와 경험, 음악적인 역량 등 하늘과 땅을 연결하는 영적인 사역을 위해서 그만큼 많은 준비가 필요하다는 것입니다. 이 책은 현재 예배(찬양)인도자로 현장에서 사역하고 있지만 예배인도에 대해 체계적으로 훈련받은 적이 없이 사역하고 있는 사역자와 이 사역에 대한 관심이나 비전을 품고 준비하고 있는 예비 예배인도자를 돕기 위해 준비된 책입니다. 예배인도자가 되기 위해 어떤 준비와 과정이 필요한지 지난 30여 년간 예배사역 현장에서 하나님 앞에서 배운 영적인 사역의 원리와 실제를 다루는 이 책이 하나님의 마음에 합한 예배자를 세우는데 친절한 안내자 역할을 할 수 있기를 기대합니다.

참된 예배의 회복을 통한 이 땅의 부흥을 꿈꾸며...
예배를세우는사람들 대표 박철순

찬양은
우리 영혼을
깨어나게 하고
하나님을
환영하게 하고
하나님을
기뻐하게 하고
하나님을
바라보게 하고

하나님을
의지하게 하고
하나님께
나아가게 하고
하나님을
만나고
경험하게 합니다

# 1장. 예배사역의 기초 이해

## 들어가는 글

예배사역을 배운다는 것은 이 사역의 본질인 예배를 알아야 하고, 방법이 아닌 원리를 배워야 합니다. 많은 경우 본질에 대한 이해가 없이 사역에 뛰어들기 때문에 방법을 찾고, 살아계신 하나님과의 인격적인 교제를 공식으로 만들고 있는 것입니다. 또한 이 사역의 효과적인 도구라 할 수 있는 음악이 예배에서 끼치는 영향과 역할을 이해하고 사역의 참된 의미를 올바로 알고 있어야 합니다.

## 1. 예배를 아십니까?

예배사역에서 가장 중요한 기초는 이 사역의 본질인 예배를 아는 것입니다. 기독교 역사에서 수많은 목회자와 신학자가 예배를 정의한 것을 볼 수 있습니다. 하지만 어떤 말로도 예배는 정의될 수 없는 것입니다. 예배를 정의한다는 것은 한 사람의 인생에서 하나님을 만나고 경험하여 얻은 결론이라고 할 수 있는데 피조물인 인간이 창조주 하나님을 온전히 안다는 것은 불가능한 것이기 때문입니다. 하나님은 우리 평생을 다 쏟으며 추구해도 알 수 없을 만큼 크신 분입니다. 아니 인류의 모든 지혜를 다 모아도 표현할 수 없는 광대하신 분입니다. 그렇기 때문에 예배를 정의한다고 하는 것은 곧 인간의 경험과 생각의 틀에 하나님을 제한하는 것과 같은 오류를 범하게 되는 것입니다. 하나님을 내가 이해하는 수준으로 만들기 때문입니다.

> 예배는 진행형(ing)이라고 설명할 수 있습니다.
> 우리 평생에 하나님을 만나고 아는 것을 통해
> 자라가는 과정과 같은 것입니다.

위에서 예배는 정의될 수 없는 것이라고 했는데 신학적으로는 예배를 이렇게 정의하고 있습니다. **"예배는 하나님의 계시에 대한 인간의 반응이다."** 이 정의가 중요한 것은 예배를 어떤 형태나 틀로 규정하지 않고 원리를 보여주고 있기 때문입니다. 예배를 계시와 반응으로 이해할 때 우리가 기억해야 할 핵심은 예배의 시작이 인간이 아니라 하나님이라는 점입니다. 예를 들어 우리가 '하나님은 거룩하십니다.'라고 반응하기 위해서는 하나님이 먼저 우리에게 찾아오셔서 '나는 거룩한 하나님이다.'라고 계시해 주셔야 한다는 것입니다. 예배는 인간의 노력이나 의, 아이디어가 아닙니다. 예배는 하나님께서 친히 만드신 것입니다. 창조주 하나님과 피조물인 인간의 만남, 상상이 되십니까? 하나님과 인간의 교제가 가능할 수 있는 유일한 길은 하나님께서 먼저 우리를 찾아오셔서 자신을 계시해 주시고 하나님께 나아갈 수 있는 길을 열어 주셔야 합니다. 그렇지 않다면 우리는 하나님을 알 수 없고 하나님께 나아갈 수 없을 것입니다. 예배는 철저히 하나님의 은혜라는 구조 안에서 하나님으로부터 시작된 것입니다.

## 2. 예배는 하나님과 인격적인 교제를 갖는 것입니다.

예배는 어떤 공식이 아니라 하나님과 인격적인 교제를 갖는 자리입니다. 예배를 안다는 것은 하나님을 아는 것과 직결되어 있는데, 예배에서 하나님을 아는 것이 중요한 이유는 하나님을 아는 만큼 예배할 수 있기 때문입니다. 여기에서 '안다' 라는 말은 단순히 정보나 지식을 얻는다는 뜻이 아니라 관계를 말하는 것입니다. 예를 들어 우리가 어떤 사람을 안다고 하는 것은 단순히 대상에 대한 지식을 갖고 있다는 뜻이 아니라 그와 어떤 관계를 맺고 있는가를 의미하는 것입니다. 우리는 대통령이나 좋아하는 연예인, 운동선수에 대해 알고 있을 수 있습니다. 그 사람의 자라온 배경, 가족관계, 학교, 수상경력, 심지어는 좋아하는 음식에 대해서도 알 수 있습니다. 하지만 그것으로 그 사람을 안다고 할 수 없습니다. 그 대상과 만나 인격적인 관계를 맺지 않았다면 그 사람을 안다고 할 수 없는 것입니다. 안다는 것은 그 사람과 인격적인 교제를 통해 관계를 맺고 있다는 것을 의미하는 것입니다.

현장에서 예배를 섬기면서 예배에 대한 문제점을 한 가지 나눈다면 인격성의 부재를 얘기할 수 있습니다. 우리가 알고 있는 대로 예배는 '하나님과의 인격적인 교제' 인데, 여기에서 인격성의 부재란 우리가 예배에서 하나님을 인격적으로 대하고 있는가

하는 것입니다. 예배에서 하나님과 우리의 관계에 인격적인 관계가 형성되지 않는다면 어디에 문제가 있는 것일까요? 우리가 부인할 수 없는 한 가지 전제는 하나님은 문제가 없다는 것입니다. 하나님은 우리를 만나지 못할 만큼 멀리 계시거나 바쁘신 분이 아니라고 생각합니다. 문제는 우리가 하나님의 계심을 인식하지 못하고 있는 것입니다. 우리가 하나님을 인격적으로 대한다고 할 때 가장 중요한 것은 하나님의 실존을 인정하는 것입니다. 예배는 우리의 시선을 하나님께 맞추고, 한 분이신 하나님께 우리의 마음 전부를 드리는 것입니다. 내가 사랑하고 존경하는 대상을 대하는 마음과 태도, 아니 그 이상을 갖고 그분께 나아가는 것입니다. 이것이 하나님께 나아가는 우리의 마땅한 태도이며 믿음인 것입니다. 브루스 리프블래드는 이렇게 경배를 정의하고 있습니다. **"경배란 우리의 생각과 마음을 주님께 집중시키는 것이다."** 예배는 TV나 영화, 스포츠 경기나 콘서트를 관람하는 것과 다른 것입니다. 예배는 살아계신 하나님과 인격적인 사귐, 생명의 교제가 이루어지는 곳입니다. 우리의 창조자, 구원자이신 하나님 한 분께 이 세상 누구에게도 줄 수 없는 사랑과 열정, 감사와 찬양, 우리의 온 마음을 쏟는 것입니다.

# 3. 예배는 체험되는 것입니다.

밥 소르기가 쓴 '찬양으로 가슴 벅찬 예배(두란노)'를 보면 기독교 역사에서 유명한 신학자나 목회자가 예배를 정의한 내용을 한 페이지 가득 모아 놓은 것을 볼 수 있습니다. 이 정의는 우리에게 예배에 대한 깊은 통찰력과 영감을 주는 내용을 담고 있는데, 예배를 정의한 목록 밑에 이 책의 저자 밥 소르기의 장인 모리스 스미스가 아주 의미심장한 말을 우리에게 던지고 있습니다. **"우리는 참된 예배의 정의를 내릴 수 없다. 그것은 오직 체험되는 것이다."** 예배는 정의되는 것이 아니라 체험되는 것이며 이론이 아닌 실제라는 것입니다.

사역 현장에서 예배를 진단할 때 가장 큰 문제는 교회에서 예배에 대한 체계적인 교육이 이루어지지 않고 있다는 것입니다. 그런데 놀라운 것은 성도들이 예배하고 있는 것입니다. 어떻게 이것이 가능할까요. 예배를 배우지 않았는데 예배할 수 있는 것은 예배가 체험을 통해 습득되는 것이기 때문입니다. 우리는 매주 반복되는 예배를 통해 예배를 배우고(습득) 있는 것입니다. 예배가 습득된다고 할 때 예배를 섬기는 사역자가 예배에서 얼마나 중요한 역할을 맡고 있는지 생각해 볼 수 있습니다. 목회자와 예배를 섬기는 사역자가 예배의 본(모델)이 되고 있기 때문입니다. 회중은 예배를 섬기는 목회자와 예배사역자가 예배하는 모습을 통해 영향을 받고 예배를 배우고 있는 것입니다. 예배가 습득된다고 할 때 예배를 섬기는 사역자에게 가장 중요한 사명은 먼저 예배자가 되는 것입니다.

예배가 습득된다는 것은 긍정적인 면에 영향을 끼칠 수도 있지만 부정적인 면에 영향을 끼칠 수 있다는 것을 생각해야 합니다.

우리가 매주 드리고 있는 예배가 중요한 것은 예배 자체가 교육이며, 세대와 세대 간에 자연스럽게 우리의 믿음, 영적인 유산을 전수할 수 있는 자리이기 때문입니다. 현재 우리가 드리고 있는 예배가 그 교회의 미래를 보여주고 있다고 할 수 있는데, 우리가 어떤 예배를 다음 세대에게 물려주고 있는가 하는 것이 그 교회의 미래를 결정하게 되는 것입니다. 다음 세대에게 하나님의 임재와 영광이 가득한 예배, 성령하나님의 역사하심이 있는 열정과 감동이 있는 예배를 물려 주고 있는가? 아니면 진부하고 따분한 예배, 한 시간 꾹 참아 주는 예배를 물려 주고 있는가? 예배의 중요성을 강조하는 백 마디 외침보다 더 강력한 언어는 어른들이 하나님을 참되게 예배하는 예배자로 본을 보이는 것입니다. 우리의 믿음, 우리의 확신, 하나님을 향한 경외심과 사랑을 예배를 통해 증거해야 합니다. 아이들은 배움으로 자라는 것이 아니라 보고 들음으로 자란다고 합니다. 입에서 나오는 말보다 삶으로 보여 주는 언어가 더 강력한 영향력을 끼치는 것입니다.

# 4. 예배는 가치를 돌리는 것입니다.

미국에서 대학캠퍼스를 중심으로 일어나고 있는 부흥운동 패션(Passion)의 창시자 루이 기글리오(Louie Giglio)는 이렇게 예배를 정의하고 있습니다. **"예배란 우리가 가장 가치 있게 여기는 것에 대한 우리의 반응이다."** 이 정의는 현대를 사는 우리에게 예배에 대한 통찰력을 주는 아주 적절한 표현이라 할 수 있습니다. 사람은 저마다 자신의 삶에서 중요하다고 생각하는 가치를 갖고 있고 그것에 자신의 삶(사랑, 시간, 재정)을 드리며 살고 있습니다. 가치에 대한 반응은 인간의 본능이라 할 수 있는데 놀라운 것은 예배대상이 우리가 가치 있게 여기는 것과 정확하게 일치한다는 것입니다. 무엇인가를 가치 있게 여기는 마음은 곧 그 대상에 대한 관심으로 이어지고, 우리는 그 가치를 삶에서 인정하며 자연스럽게 드러내게 됩니다. 그렇다면 내가 무엇을 가치 있게 여기는지를 어떻게 알 수 있을까요? 그것은 내가 가치 있게 여기는 것에 대해서 어떤 희생과 대가를 치를 수 있는지를 보면 알 수 있습니다.

> 천국은 마치 밭에 감추인 보화와 같으니
> 사람이 이를 발견한 후 숨겨 두고 기뻐하며 돌아가서
> 자기의 소유를 다 팔아 그 밭을 사느니라 (마13:44)

이 비유에서 보화를 발견한 사람은 자신의 모든 소유를 다 팔아서 보화가 묻힌 밭을 샀다고 말하고 있습니다. 자신이 가치 있다고 여기는 것에 대한 희생, 대가지불을 한 것입니다. 당신의 삶에서 가치(보물)는 무엇입니까? 무엇을 보고, 어떤 생각 가운데 살아가고 있으며, 무엇에 삶을 드리고 있습니까? 놀라운 사실은 오늘 당신의 마음 중심을 사로잡고 있는 가치가 바로 예배의 대상과 정확하게 일치한다는 것 입니다. 예배란 종교적 의식이나 행사의 문제가 아닙니다. 내 삶의 가치, 즉 내 삶의 중심이 어디를 향하고 있는가와 직결되는 문제입니다. 예배는 우리 인생에서 발견한 최고의 가치 되신 하나님께 합당한 희생과 대가지불을 통해 하나님을 높이고 증거하며 하나님을 내 삶의 최고의 가치로 인정하는 자리입니다.

# 5. 우리는 예배하는 존재로 지음 받았습니다.

사람은 본질적으로 모두 예배자입니다. 『현대어 신약』의 번역자로 잘 알려진 영국의 J. B. 필립스(J.B. Phillips)는 "모든 사람의 마음에 하나님 모양의 공간이 존재하는데 오직 하나님만이 그곳을 채울 수 있다"라고 말했습니다. 우리가 인정하든 인정하지 않든, 그것이 종교적인 형태를 띠고 있든 그렇지 않든 상관없이 우리는 반드시 누군가 혹은 무엇인가를 예배하고 있습니다. 루이 기글리오는 이렇게 말했습니다. "만일 당신이 하나님을 경배하지 않겠다고 결심했다면, 당신은 결국 창조주 대신 창조물(피조물)을 경배하기로 선택한 것과 다름없다." 우리가 기억해야 할 중요한 사실 한 가지는 하나님께서 우리를 예배하는 존재로 지으셨고 우리는 매일매일 무엇인가를 예배하고 있다는 것입니다.

모든 사람이 예배하는 존재로 지음 받았다고 할 때 중요한 것은 예배의 대상입니다. 무엇을 예배하는가 하는 것이 중요한 이유는 예배의 대상을 선택하고 예배한 결과가 반드시 있고, 이것은 우리의 운명을 결정하는 중요한 선택이 될 것이기 때문입니다. 참하나님을 예배의 대상으로 삼을 것인가? 아니면 하나님 아닌 헛된 것을 예배의 대상으로 삼을 것인가? 현대 그리스도인에게 우상을 정의한다면 내가 하나님보다 더 사랑하며 가치 있게 여기는 것이라고 할 수 있습니다. 예배란 종교나 형식의 문제를 뛰어넘어 그리스도인의 삶의 가치와 우선순위에 대해 말하고 있습니다. 성경은 하루의 한 부분, 일주일에 몇 시간이 아니라 온 삶으로 하나님을 예배할 예배자를 찾고 있다고 말하고 있습니다. 우리가 예배자의 삶을 살 수 있는 것은 하나님이 어떤 특정한 장소나 시간에 제한되지 않고 온 땅에 충만하게 살아계시기 때문입니다.

주님과 함께 호흡하고 걷고 말하고 살아가는
삶을 예배자의 삶이라고 말합니다.
그 안에만 참된 만족과 기쁨, 생명이 있기 때문입니다.

# 6. 예배에서 음악의 역할

음악은 예배사역에서 본질이 아니라 예배를 돕는 수단이며, 정서적인 면을 만지는 강력한 도구라 할 수 있습니다. 극단적으로 말하면 음악이 없어도 예배할 수 있습니다. 하지만 음악이 없는 예배는 황량한 사막과 같이 우리 영혼을 메마르게 할 것입니다. 예를 들어 2002년 월드컵이 진행될 때 광화문과 시청에 수십만의 인파가 모여서 응원을 했는데 음악이 없었다면 어떻게 응원했을까요? '오 필승 코리아' 구호를 외치며 했을까요? 아마 음악이 없는 응원은 상상이 안 될 것입니다. 하지만 '오 필승 코리아'에 음악적인 요소를 가미하여 노래로 만들어 불렀을 때 수십만의 응원인파의 마음이 하나 되고, 열정을 불러일으킨 것을 볼 수 있습니다. 마찬가지로 예배에서 음악이 차지하는 역할이 크고 중요하기 때문에 예배인도자는 음악적인 면을 개발하고 준비되어야 하는 것입니다.

새들백교회의 예배인도자 릭 무초(Rick Muchow)는 예배에서 음악의 역할을 이렇게 설명하고 있습니다. **"음악 자체는 예배가 아니라 예배의 언어이다. 이것은 하나님을 향한 우리의 사랑을 표현하는 방법이다."** 예배에서 음악의 역할을 아주 적절하게 표현한 내용이라 할 수 있습니다. 음악을 예배의 언어로 이해할 때 음악의 역할을 크게 두 가지로 생각해 볼 수 있습니다.

## 음악의 적절성

대화를 나눌때, 때에 맞는 말을 하는 것이 중요한 것처럼, 예배사역에서 음악은 화려하고 뛰어난 기술보다 예배 상황에 적합한 언어를 구사하는 것이 더 중요합니다. 기본적으로 음악이 예배를 섬기고 돕는 자리에 있어야 합니다. 음악을 위한 예배가 아니라 예배를 위한 음악이 되어야 하며, 예배에 적합한 언어를 구사할 수 없는 음악은 예배에서 어떤 가치도 부여할 수 없을 것입니다. 예배에서 음악은 기본적으로 중립적인 위치에 있다고 할 수 있는데, 이 말은 음악이 예배를 도울 수도 있지만, 오히려 방해할 수도 있다는 것입니다. 음악을 통해 예배에서 적절한 언어를 구사하기 위해서는 예배(하나님과의 교제)를 알아야 합니다. 말을 해야 할 때와 잠잠할 때, 속삭여야 할 때와 질러야 할 때, 예배를 알지 못한다면 예배에서 적절한 언어를 구사할 수 없을 것입니다. 또한 음악으로 예배에서 적절한 언어를 구사하기 위해서는 노래에 담긴 메시지(내용)를 이해하는 것이 중요합니다. 곡에 어떤 내용이 담겨 있고, 무엇을 말하려고 하는지를 이해할 때 음악이 예배에서 적절한 언어(편곡)를 구사하게 되는 것입니다.

노래의 내용을 이해하는 것이
음악적인 해석 창조성(편곡)의 시작입니다.

## 음악의 탁월성

예배를 섬기는 사역자(인도자)가 모두 음악의 전문가가 될 필요는 없지만 예배사역에서 음악을 사용하고 있고 중요한 역할을 맡고 있기 때문에 적어도 자신이 노래하거나 연주하면서 자유롭게 예배할 수 있도록 음악적인 면을 개발하고 자라가야 합니다. 예를 들어서 음악적인 면이 준비되지 않는다면 하나님과 교제를 나눈다고 할 때 한두 마디 얘기를 하면 할 말이 없는 것처럼 오히려 음악이 예배의 풍성한 언어를 제한하게 될 것입니다. 하지만 예배인도자가 음악을 이해하고 준비된다면 그만큼 예배에서 음악을 효과적으로 사용할 수 있게 될 것입니다. 예배를 섬길 때 음악적인 면이 해결되지 않는다면 예배에서 자유롭게 예배할 수 없을 것입니다. 예배에서 깊고 풍성한 언어를 구사할 수 있도록 음악적인 면을 준비해야 합니다.

## 밴드음악에서 리듬의 중요성

밴드음악에서 리듬을 이해하는 것은 가장 기본적이면서 중요한 요소라 할 수 있습니다. 노래를 음악적으로 해석할 때 기본은 먼저 리듬을 파악하는 것입니다. 모든 음악은 리듬이 있고, 노래의 멜로디는 리듬에 의존되어 있습니다. 따라서 선율이나 화성이 없는 음악은 있어도 리듬이 없는 음악은 있을 수 없습니다. 그렇기 때문에 노래의 느낌을 가장 잘 표현하기 위해서는 리듬에 대한 이해가 필수인 것입니다. 악기를 크게 리듬악기(드럼과

베이스기타)와 멜로디 악기(건반, 일렉기타)로 나눌 수 있는데, 예배팀의 다양한 악기(건반, 기타, 드럼)가 합주할 때 한 느낌으로 하나 되기 위해서는 같은 리듬을 연주해야 하는 것입니다.

리듬을 생각하면 일반음악에서 사용하는 다양한 종류의 리듬을 떠올리며 어렵게 생갈 할 수 있는데, 오늘은 비트(Beat-음악의 가장 기본단위) 개념으로 리듬을 이해하기 쉽게 설명해 보겠습니다. 예를 들어 리듬악기인 드럼으로 곡의 리듬(비트)이 무엇인지 설명한다면 4/4박자 한 마디를 기준으로 하이헷 심벌(hi-hat cymbals/ 드럼에서 기본 비트를 치는 심벌)을 몇 번 치는가를 통해 곡의 비트를 파악하는 방법이 있고, 드럼의 베이스 드럼(bass drum)을 어떻게 연주하는가를 통해 곡의 비트를 파악할 수 있습니다. 보통 교회에서 가장 많이 사용되고 있는 8비트, 16비트, 셔플만 이해해도 우리가 교회에서 사용하고 있는 대다수 노래의 리듬을 파악할 수 있을 것입니다.

연주자를 만나면 평상시 사역하면서 궁금했던 내용을 질문하곤 하는데, 드럼 치는 권낙주 형제를 만나 리듬에 대한 설명을 부탁했는데 내용이 위트 있고 유익한 내용이라 생각되어 여러분과 나누려 합니다. "음악의 3요소 리듬(rhythm), 선율(melody), 화성(harmony)이 있는데 그 중의 제일은 리듬이라." 성경말씀(그런즉 믿음, 소망, 사랑 이 세 가지는 항상 있을 것인데 그 중의 제일은 사랑이라-고전13:13)을 인용해서 재미있고 이해하기 쉽게 설명한 내용인데, 드럼을 연주하기 때문에 리듬이 중요하다고 한 것이 아니라, 리듬이 밴드음악에서 정말 중요하기 때문에 이렇게 얘기한 것입니다.

친구 중에 베이스 기타를 연주하는 김진 형제에게 리듬에 대해 질문한 적이 있는데, 대뜸 이런 얘기를 들려 주었습니다.
" 태초에 하나님이 천지를 창조하실 때 스트레이트와 스윙 리듬 두 가지를 만드셨는데 이 둘은 절대 섞어 쓰지 말지니라." 리듬을 이해하는데 아주 쉬우면서 명확하게 핵심을 짚은 설명이라 생각되었습니다. 스트레이트 리듬이란 4/4박자 한마디를 기준으로 할 때 일정한 걸음걸이처럼 균등한 흐름으로 진행되는 리듬을 말하는데, 보통은 드럼 하이헷을 기준으로 한마디를 4개로 나누면 4비트(1박을 1개로), 8개로 나누면 8비트(1박을 2개로), 16개로 나누면 16비트(1박을 4개로)로 구분할 수 있고, 스윙 리듬이란 우리가 교회에서 흔히 사용하는 셔플(Shuffle)로 이해할 수 있습니다. 셔플이란 간단히 말해서 앞이 길고 뒤가 짧은 리듬

으로 기본적으로 3연음 홀수 리듬에서 앞의 두 개의 음을 연결
한 리듬을 말합니다.


8비트　　: 내가 주인 삼은, 예수 우리 왕이여 (느린)
　　　　　 다 와서 찬양해, 찬양하세 (빠른)
16비트　 : 사랑하는 나의 아버지, 모든 능력과 모든 권세
　　　　　 주님 한 분만으로
셔　플　 : 손을 높이 들고, 해 뜨는 데부터, 야곱의 축복


　밴드 형태로 사역하는 예배팀 싱어들에게 가장 해주고 싶은 말
은 리듬을 이해하고, 노래 할 때 리듬을 갖고 노래하라는 것입니
다. 싱어가 음악적인 느낌을 표현하는데 있어서 가장 중요한 요
소는 리듬을 갖고 노래하는 것입니다. 예배팀에서 리듬은 연주
자와 싱어가 하나 됨을 이루는 공통분모라고 할 수 있습니다. 아
무리 연주자가 훌륭하게 연주를 준비해도 싱어가 같은 리듬을 갖
고 노래하지 않는다면 연주와 노래는 하나 될 수 없을 것입니다.
예배 팀 연주자와 싱어는 반드시 리듬을 이해하고 있어야 합니다


# 7. 예배사역이란?

　예배사역에서 우리가 기억해야 할 것은 이 사역의 주도권이 사
람에게 있지 않고 하나님께 있다는 것입니다. 예배를 위해 우리
가 할 수 있는 최선을 다해 모든 준비를 완벽하게 한다 해도 하

나님께서 함께하시지 않는다면 그것은 더 이상 예배가 될 수 없고 아무 가치를 가질 수 없을 것입니다. 예배사역은 나의 경험이나 능력으로 사역하는 자리가 아닙니다. 영적인 예배로 나아가기 원한다면 먼저 내가 할 수 없다는 것을 인정하고, 성령하나님이 일하시는 온전한 통로가 되어야 합니다.

최고의 예배를 말로 설명한다면, 사람이 기억되지 않는 예배, 예배하면 할수록 사람은 보이지 않고 하나님의 영광으로 충만한 예배라고 할 수 있습니다. 어떻게 그렇게 될 수 있을까요. 놀랍게도 예배를 섬기는 사역자가 회중의 시야에서 사라지는 지점은 사역자가 하나님 앞에 예배자가 될 때입니다. 예배사역자가 예배자로 하나님 앞에 설 때, 회중은 사람을 주목하는 것이 아니라 사역자가 주목하고 예배하는 하나님을 주목하게 되는 것입니다. 찬송가의 가사처럼 '세상과 나는 간곳없고 구속한 주만 보이도다.' 와 같은 예배입니다. 영국의 예배인도자 매트 레드먼(Matt Redman)은 예배인도자(사역자)가 평생 모토로 마음에 품어야 할 말씀으로 요한복음 3장 30절 "그는 흥하여야 하겠고 나는 쇠하여야 하리라 하니라" 말씀을 제시하고 있습니다. 예배사역은 사람이 주인공이 되고 영광 받는 자리가 아닙니다. 하나님의 영광 안에 사람은 지워지고 하나님 한 분이 주인공 되고 기억되는 자리입니다

예배는
관람하는
자리가아니라
참여하는
자리입니다

찬양은
하나님을 증거할 뿐
아니라
성도들에게
계시적인
메세지를 전달하고
하나님께서
마땅히 받으셔야 할
합당한
반응으로 인도한다

# 2장. 예배인도자의 중요성, 자질과 역할

## 들어가는 글

언젠가 한국교회 예배사역에서 가장 시급하게 다루어야 할 영역이 무엇인지에 대해서 진지하게 고민하는 시간이 있었습니다. 집회와 강의, 사역현장에서 한국교회의 예배사역을 진단하면서 얻은 결론은 예배인도자 훈련이 가장 시급하다는 것이었습니다. 현대적인 예배(찬양과 경배)사역에서 예배인도자의 중요성은 아무리 강조해도 부족함이 없는 영역입니다. 예배인도자가 예배에서 끼치는 영향이 그만큼 크기 때문입니다. 특히 외적으로 드러나는 부분이 많은 예배인도자는 충분한 준비를 통해 세워져야 합니다. .

# 1. 예배인도자의 중요성

예배사역이 팀 사역이고 모든 파트가 중요하지만 교회에서 예배(찬양)사역을 성공적으로 세우는데 가장 중요한 열쇠를 갖고 있는 사람은 예배인도자입니다. 예배인도자는 예배에서 노래인도나 악기를 연주하는 역할 뿐 아니라 목회자와 동역하며 영적인 면과 음악적인 면을 이끌어 성도들을 하나님과의 교제 가운데로 안내하는 역할을 맡고 있습니다.

요즘 예배인도에 대한 강의나 예배인도자로 사역하는 후배들을 만나서 질문하는 내용 중 하나는 예배의 목적지(Goal)가 어디인가 하는 것입니다. 이 질문이 중요한 것은 예배에 참석한 회중을 하나님의 임재 안으로 안내하는 역할을 맡고 있는 예배인도자가 예배의 목적지를 알지 못한다면 소경이 소경을 인도하는 것처럼 준비한 찬양은 목표가 없이 허공을 치는 공허한 메아리가 되고 말 것이기 때문입니다. 우리가 분명히 아는 것은 예배인도란 몇 곡의 노래를 부르며 시간을 때우는 시간이 아니라는 것입니다.

언젠가 이런 질문을 받은 적이 있었습니다. "예배의 목적지가 어디이고, 어떻게 우리가 그 지점으로 갈 수 있으며, 목적지에 도착했다는 것을 어떻게 알 수 있습니까?" 사실 이 질문에 답하는 것이 쉽지 않은 것은, 예배인도란 공식이 아니며 어떤 현상이나 느낌으로 규정지을 수 없는 지극히 개인적인(주관적) 경험이기 때문입니다. 성경에서 예배의 목적지를 찾는다면 모세의 성막에서 지성소를 얘기할 수 있는데, 이론상으로는 예배의 목적지를 지성소라고 얘기할 수 있을 것입니다. 그런데 문제는 각자가 이해하는 지성소가 다를 수 있다는 점입니다. 예를 들어 같은 콘티를 갖고 예배를 인도하는데 인도자마다 그 깊이가 다르고 차이가 나는 것은 각자가 경험한 예배의 깊이, 지성소에 대한 이해가 다르기 때문입니다. 결국 예배인도자가 회중을 어디로 안내할 것인가에 대한 정직한 답을 찾는다면 자신이 하나님을 만나고 경험한 만큼, 가 본 만큼 데려갈 수 있다고 할 수 있습니다.

"예배인도자가 경험한 예배의 깊이가
회중예배의 깊이를 결정하게 됩니다."

예배인도를 어떤 현상이나 공식, 방법론적으로 접근하는 것은 대단히 위험할 수 있습니다. 예배는 하나님과의 인격적인 교제로 어떤 공식이 될 수 없기 때문입니다. 우리가 하나님을 참되게 예배함을 통해서 예배에 다양한 현상이나 결과가 나타날 수 있지만, 어떤 현상이 하나님을 예배했다는 것을 증명하는 것은 아닙니다. 중요한 것은 자신이 알고 있는 하나님을 향한 정직한 반응과 올바른 태도를 갖고 하나님께 나아가는 것입니다.

예배에서 영향력을 만드는 요소는 예배인도자의 능력이 아니라 태도라는 점을 강조하고 싶습니다. 예배인도자를 통해 영적인 영향력과 생명이 흘러간다는 것은 곧 하나님과 건강한 관계를 맺고 있다는 것을 의미하는 것입니다. 그것은 하나님을 향해 올바른 태도를 취하는 것이고, 깨어 있다는 것입니다. 성령하나님의 인도하심에 민감하게 반응하며 하나님 앞에 예배자로 나아가는 것입니다. 예배에서 영적인 영향력의 통로가 되기 원한다면 성령님께 사로잡힌 예배자가 되어야 합니다. 이것이 바로 예배인도자가 기름부으심의 통로가 되는 비결입니다. 예배에서 한 사람의 인생이 바뀔 수 있는 가능성은 우리의 노래나 음악, 사람의 능력이 아니라 성령하나님께 있기 때문입니다.

예배에서 예배인도자가 중요한 것은 예배인도자 안에 준비된 영성과 하나님과의 관계가  예배에 영향을 끼치기 때문입니다. 이 사역은 영적인 사역입니다. 그렇기 때문에 예배인도자가 영

적인 세계를 알고 있어야 합니다. 예배인도자가 예배의 경험을
통해 깊이 하나님을 만나고 하나님을 알 때 회중을 영적인 예배,
깊이 있는 예배로 안내할 수 있는 것입니다.

## 2. 예배인도자 훈련의 필요성

예배사역을 하면서 팀 멤버들(싱어, 연주자)에게 이런 얘기를 하곤 했는데 **"예배를 섬기는 모든 팀원이 예배인도자와 같은 마인드로 예배에 임해야 한다,"** 는 것입니다. 단순히 인도자가 인도하는 것을 따라가는 정도가 아니라, 각자의 위치에서 지금 예배가 어떻게 흘러가고 있는지를 이해하고, 함께 예배를 느끼고, 한 목표를 향해 한마음으로 나아가는 것입니다.

싱어와 연주자가 예배인도자와 같은 마인드로 예배에 임해야 한다고 할 때 가장 문제가 되는 것은 예배인도자가 예배에 대한 마인드가 없고 준비되지 않은 경우입니다. 안타깝게도 교회에서 사역하고 있는 예배인도자를 만나보면 많은 경우 예배사역에 대한 기본적인 이해나 준비가 없이 사역하고 있는 것을 볼 수 있습니다. 그렇기 때문에 싱어나 연주자에게 예배사역에 대한 가치와 마인드를 전달하지 못하는 것입니다.

예배인도자는 예배사역의 본질인 예배를 알고 예배곡 순서(콘티)를 짤 때 어떤 원리로 곡을 선곡하고 흐름을 만드는지, 어떻게 예배를 시작하고, 어디로 가야 하는지, 팀원들이 예배자로서 노래하고 연주할 수 있도록 이끌 수 있어야 합니다. 또한 예배에서 곡과 곡이 연결될 때 왜 이렇게 연결했는지, 곡을 편곡할 때 왜 이런 스타일로 편곡해야 하는지, 그 이유를 예배로 해석하고, 하나님을 참되게 예배하기 위한 초점으로 인도해야 합니다.

몇 년 전부터 제 안에 예배인도자를 훈련하는 일에 대한 소원이 있었습니다. 세미나와 워크숍, 학교 등 많은 프로그램이 있지만 가장 좋은 것은 소그룹 형태로 멘토링 하는 것이라는 결론을 갖게 되었습니다. 악기를 배울 때 매주 만나 레슨을 하는 것처럼 예배인도자도 매주 만나 삶과 사역을 나누고 함께 예배하며 예배인도의 이론과 실제를 배우는 것입니다. 현재 교회의 상황을 보면 작게는 1명에서 큰 교회의 경우는 10명이 넘는 인원이 각 파트의 예배를 섬기고 있는 것을 볼 수 있습니다. 교회에서 예배시간에 누군가 이 역할을 맡아야 하기 때문에 예배인도자를 세우는데, 문제는 예배인도에 대한 기본적인 이해가 없이 시작함으로 많은 시행착오를 거치고 있는 것입니다. 교회에서 예배인도자를 세울 때의 기준을 보면 이 사역의 외형적인 면, 노래나 음악에 재능이 있는 사람을 세우는 것을 볼 수 있습니다. 예배인도자에게 음악적인 재능이 있다는 것은 큰 장점이 될 수 있지만, 하늘과 땅을 연결하는 영적인 사역을 감당하기 위해서는 노래하고 연주하는 사역자 이전에 하나님과의 교제를 아는 예배자로 훈련을 통해 세워져야 합니다.

# 3. 예배인도자의 자질

　일반적으로 외국의 자료를 토대로 예배인도자를 세울 때 크게 세 부분을 생각해 볼 수 있는데 첫째는 성품과 영적성숙, 둘째는 음악적인 재능, 셋째는 성령의 기름부으심입니다. 아래에 제시한 영역에 당신이 준비되어 있다면 그만큼 예배인도자로서 성공적인 사역을 감당할 수 있도록 준비되어 있다고 할 수 있습니다. 이 내용을 살펴봄으로써 현재 예배인도자로 사역하고 있거나 사역을 준비하는 분들이 예배인도자로 사역하는 데 어떤 준비가 필요한지를 나누고, 자신을 점검하며, 함께 준비할 수 있기를 기대합니다.

## 첫째. 성품과 영적인 성숙(Character)

　1) 탁월한 예배인도자가 되기 위한 첫 번째 조건은 거듭남을 통해 영적인 생명을 소유한 예배자가 되는 것입니다. 예배인도자는 기능적인 역할 이전에 하나님과의 교제를 아는 예배자가 되어야 합니다. 예배인도자가 하나님과의 교제를 모른다면 회중이 하나님과 교제하도록 도울 수 없을 것입니다.

　2) 예배인도자가 가져야 할 최고의 자질을 하나 뽑는다면 '신실함'을 말할 수 있습니다. 예배인도자는 일회성 퍼포먼스가 아니라 마라톤과 같이 장거리를 뛰어야 하는 사역입니다. 화려

하지 않아도 늘 한결같은 마음과 태도로 하나님께 나아가는 신실함이 중요합니다. 예배인도자의 영향력은 어떤 능력 이전에 이 신실함을 통해서 회중들에게 흘러가게 됩니다.

  3) 예배인도자는 사람들이 신뢰할 수 있는 인격의 투명함을 갖고 있어야 합니다. 교회사역은 관계를 기반으로 하고 있습니다. 교회에서 성도들과 건강한 관계를 맺고 서로를 신뢰하는 가운데 진행되는 예배사역만큼 강력한 영향력을 끼치는 것은 없을 것입니다. 이를 위해서는 예배사역만 하는 것이 아니라 교회에서 자신의 나이에 맞는 부서나 직분에 소속되어 관계를 맺고 삶으로 본을 보이는 것이 중요합니다.

  4) 예배인도자는 하나님을 사랑하는 것과 함께 사람을 사랑하는 사람, 즉 목자의 마음을 갖고 있어야 합니다. 예배인도자의 고유한 역할 중 하나는 사람들을 돌보는 목회적인 측면을 얘기할 수 있습니다. 회중을 사랑으로 품는 목자의 마음은 예배를 섬기는 태도를 결정하는 중요한 요소가 될 것입니다.

  5) 예배인도자는 섬김과 자기희생을 통해 자신에게 맡겨진 역할을 감당해야 합니다. 예수님이 섬김을 통해 본을 보인 것처럼 섬김은 사람들이 믿고 따를 수 있는 영향력 있는 리더십을 만드는 중요한 요소입니다.

6) 예배인도자는 성령과 지혜와 말씀이 충만한 사람이어야 합니다. 초대교회에서 사역자를 세울 때 이와 같은 기준으로 사역자를 세운 것을 볼 수 있습니다.

7) 예배인도자는 담임 목회자의 예배철학을 이해하고, 교회의 리더십을 존중하며 충성스럽게 섬겨야 합니다. 또한 교회사역의 다양한 영역과 구조를 이해하고 권위에 대한 바른 태도를 갖고 있어야 합니다. "순종이 제사보다 낫다."는 말씀을 기억하십시오.

8) 예배인도자는 신앙적인 성숙과 함께 사역적인 역량이 갖추어져 있어야 합니다. 아무리 재능이 뛰어나도 영적으로 성숙하지 않은 상태라면 예배인도자로 적합하지 않다고 할 수 있습니다. 예배인도자가 하나님의 능력을 경험하고 영적인 세계를 알고 있을 때, 자신이 경험한 예배의 깊이로 회중들을 안내할 수 있게 될 것입니다.

9) 예배인도자는 사람들의 충고와 비판을 받아들일 준비가 되어 있어야 합니다. 겸손함과 열린 마음, 사람들의 말을 들을 수 있는 귀가 필요합니다. 특별히 팀원과의 관계에서 이런 태도를 갖는 것은 중요합니다.

10) 예배인도자는 팀플레이를 하며, 팀원들과 함께 나아갈 수

있는 사람이어야 합니다. 이것은 팀원들 각자의 역할이 존중되어야 한다는 것을 의미합니다. 모든 일을 혼자 하는 것이 아니라 팀원들이 갖고 있는 재능과 장점을 인정하고 개발하여 함께 건강한 몸을 만들어 사역해야 합니다.

위의 내용을 정리하면서 노파심에서 몇 자 적는다면, 혹시라도 자신이 위의 제시한 조건과 맞지 않는다고 예배(찬양)인도를 내려놓는 일이 없기를 바랍니다. 제가 믿기로 처음부터 사역을 위해 완전하게 준비된 사람은 없다고 생각합니다. 제 경우도 마찬가지인데, 사람들의 눈에 보여지는 지금의 자리로 오기까지, 보이지 않는 곳에서의 수많은 시행착오를 통해 오늘에 이른 것을 볼 수 있습니다. 하나님의 얼굴을 구하며 열린 마음으로 순종의 발걸음을 내딛으십시오. 어느 날 당신은 하나님의 마음에 합한 예배자로 빚어져 있을 것입니다.

## 둘째. 음악적인 재능(MUSICAL ABILITY)

1) 예배인도자는 리드할 수 있는 악기(기타, 건반 등)를 연주할 수 있어야 합니다. 예배인도자가 악기를 연주할 수 있다면 다른 악기의 도움이 없이도 언제든지 자신이 원하는 조(key)와 템포로 변화를 주거나 예배 흐름을 이끌 수 있습니다. 또한 악기를 연주하며 밴드와 소통하고 음악적인 면을 함께 호흡할 수 있는 장점을 갖게 될 것입니다.

2) 예배인도자는 노래할 수 있는 강한 음성과 좋은 억양을 갖고 있어야 합니다. 노래로 성도를 이끌어야 하기 때문에 명확한 억양과 큰소리로 노래하여 리더십을 발휘해야 합니다.

3) 예배인도자는 정확하게 박자를 맞출 수 있어야 합니다. 음악에서 박자란 일종의 약속이라고 할 수 있는데, 박자를 놓치면 약속을 어기는 것이 되고, 음악적으로 예배팀과 회중을 혼란에 빠트리게 됩니다. "음치는 용서를 받아도 박치는 용서받지 못한다."는 말이 있는데, 이 말은 음악에서 박자를 맞추는 것이 그만큼 중요하다는 것입니다.

4) 다양한 스타일의 음악에 대해 알고 있어야 합니다. 음악을 이해하는 데 가장 기본은 듣는 것입니다. 예배음악은 물론이고, 다양한 장르의 음악을 듣고 음악적인 소양을 길러야 합니다.

5) 밴드와 함께 소통하며 함께 사역할 수 있어야 합니다. 예배인도자가 밴드음악에 대한 이해가 없다면 연주자와 음악적으로 소통하는데 어려움을 갖게 되는데 한 마디로 권위가 서지 않는 것입니다.

도움 글

위의 글에서 예배인도자가 악기를 연주하는 것이 밴드와 호흡을 맞추는 데 도움이 된다고 했는데 마찬가지로 연주자가 연주하면서 노래하는 것은 인도자나 싱어와 호흡하는데 중요한 요소가 될 수 있습니다. 보통은 연주에 노래를 맞추는 것이 일반적이라고 할 수 있는데, 연주자의 역할이 예배인도자와 싱어를 섬기는 일이라는 것을 기억해야 합니다. 노래하는 사람이 느낌을 잘 표현하도록 연주하는 데 좋은 방법을 하나 제안한다면 연주자가 연주하면서 노래하는 습관을 들이는 것입니다. 싱어의 입장에서 연주하고 함께 호흡하는 것입니다. 싱어는 연주를 잘 듣고 연주에 맞추어서 노래하고, 연주자는 싱어가 편안하게 노래할 수 있도록 연주함으로 서로 하나가 되는 것입니다.

## 셋째. 기름부음(Anointing)

종교적 의미에서 기름부음은 두 가지로 해석될 수 있는데, 하나는 어떤 물체에 기름을 발라 성별시키는 것이고, 다른 하나는 하나님께서 하나님의 일을 위해서 사역자를 세울 때 기름을 부어 세우는 것입니다. 후자의 경우 구약에서 제사장, 선지자, 왕이 대표적인 예라 할 수 있습니다. 기름부음의 의미에서 우리가 한 가지 기억해야 할 것은 기름부음의 목적이 인간의 욕심이나 야망을 이루기 위한 것이 아니라 하나님의 뜻(사역)을 이루기 위한 것이라는 점입니다. 그렇다면 하나님께서 기름부으셨다는 것을 어떻게 알 수 있을까요?

1) 예배를 인도할 때 하나님께서 예배인도자와 함께하십니다.

2) 예배할 때 예배인도자가 성령의 인도하심에 민감하게 반응합니다.

3) 회중이 예배인도자가 인도하는 권위를 인정하고 따르며 반응합니다.

4) 홀로 있을 때에도 삶의 자리에서 예배자로 예배합니다.

5) 기름부으심은 자신이 확신을 가질 뿐 아니라 타인을 통해서
   확인되어야 합니다.

## 도움 글

　기름부음은 특별한 사람을 위한 것이 아니라 하나님의 부르심
에 순종하여 살기 원하는 모든 그리스도인에게 허락된 것입니
다. 그렇기 때문에 기름부음을 구할 때 중요한 것은 우리의 동
기와 태도가 어디 있는가 하는 것에 있습니다. 우리가 하나님의
뜻을 행하고자 하는 바른 동기를 갖고 기름부음을 구한다면, 성
령하나님께서 우리에게 기름 부으셔서 우리를 부르신 사역을 하
나님이 부어 주신 능력과 권위로 능히 감당하게 하실 것입니다.

찬양은
온 우주를 지으신
하나님
우리의 구원자이신
하나님을
인정하고 높이며
자랑하고
즐거워하는 것입니다

# 4. 예배인도자의 역할

예배인도자(예배자+인도자)는 하나님과 회중 두 영역을 동시에 섬기는데, 예배자로 하나님을 섬기는 것과 인도자로 회중을 섬기는 역할을 감당하게 됩니다. 예배자로서 하나님을 섬기는 측면은 예배의 처음부터 마지막까지 변함이 없지만 인도자로서 회중을 섬기는 면은 회중의 상태에 따라 커질 수도 있고 작아질 수도 있으며, 아주 없어질 수도 있습니다. 예를 들어 회중이 예배에 대해 준비되지 않은 상황이라면 회중이 예배의 마음으로 하나님께 초점을 맞추고 나아가도록 격려와 동기부여를 해야 하는데, 회중이 준비되어 있지 않다면 회중을 섬기는 영역이 그만큼 커진다고 할 수 있습니다. 하지만 회중이 예배의 마음으로 잘 준비되어 있다면 그만큼 회중을 섬기는 영역이 작아진다고 할 수 있고, 회중이 하나님의 임재를 인식하면서 반응하게 되면 회중을 섬기는 인도자의 역할이 아주 없어진다고 할 수 있습니다. 이 부분을 이렇게 설명할 수 있습니다. 하나님과 회중이 교제를 나누어야 하는데 말이 안 통한다고 생각해 보십시오. 이때 인도자의 역할은 하나님과 회중이 교제할 수 있도록 통역을 한다고 할 수 있습니다. 그런데 예배에서 회중이 하나님의 임재에 대한 인식과 함께 반응한다는 것은 인도자의 통역이 없이도 회중이 직접 하나님과 교제가 가능하다는 것을 의미하는 것입니다. 이때 예배인도자는 회중을 인도하는 역할이 없어지고 한 사람의 예배자로 하나님 앞에 서게 되는 것입니다. 예배인도자로서 섬김의 두 영역인 하나님과 회중을 동시에 섬길 수 있는 가장 좋은 길은 자신이 하나님 앞에 예배자로 나아가서 좋은 예배의 모델이 되어 성도를 하나님의 보좌 앞으로 안내하는 것입니다.

## 예배에서

1) 하나님과 회중 사이에서 회중이 하나님의 보좌 앞으로 나아가도록 안내합니다.

2) 예배인도자 자신이 예배하면서 동시에 회중을 예배로 안내합니다.

3) 강압적으로 인도하지 않고 하나님을 섬기듯 회중을 섬겨야 합니다.

## 교회와의 관계에서

1) 담임목회자의 예배철학과 교회의 상황을 파악하고 동역합니다.

2) 교회리더십과 예배팀의 건강한 소통이 이루어지도록 돕습니다.

## 예배팀에서

1) 예배 팀의 인도자(Leader)로 팀을 이끌게 됩니다.

2) 목회적인 측면에서 팀을 보호하고 양육합니다.

3) 음악적인 측면에서 팀이 발전할 수 있도록 도전하고 이끕니다.

## 삶에서

1) 예배자의 삶을 통해 하나님과 지속적으로 교제해야 합니다.

2) 하나님과 동행하며 하나님의 공급을 경험하며 살아야 합니다.

찬양은
하나님의 실존을
인정하고
하나님 한분을
높이고
열렬히 사랑하고
자랑하는 것이다

# 3장. 예배 콘티 작성의 원리

## 들어가는 글

  사역지에서 어떻게 콘티를 짜야 하는가에 대한 질문을 종종 받는데, 이 질문에 간단하게 답하기 어려운 이유는 예배 콘티를 짠다는 것은 예배사역에서 종합예술에 가까운 방대한 과정을 통해 얻을 수 있는 결론 같은 것이기 때문입니다. 이를 위해서는 하나님과 교제의 과정을 알고, 예배곡 가사묵상을 통한 곡 해석, 예배인도에서 소통의 영역에 대한 기본적인 이해를 갖고 있어야 합니다.

# 1. 예배의 모델 이해 (하나님과 교제의 과정 이해하기)

예배모임에 참석한 성도들을 하나님의 임재 안으로 안내하는 역할을 맡고 있는 예배인도자에게 예배의 모델 이해는 필수적으로 이해해야 할 중요한 내용입니다. 하나의 예배 모델을 통해 하나님과 교제할 때, 그 안에 어떤 내용이 담겨있고, 그 내용이 무엇을 의미하는지를 살펴보도록 하겠습니다. 예배인도자는 하나님과 교제할 때 예배의 시작과 사귐의 과정, 예배의 목적지가 어디인지, 예배 전체에 대한 깊은 이해를 갖고 있어야 합니다.

오늘 여러분과 나눌 내용은 한국교회에서 현대적인 예배(찬양과 경배)사역의 선구자적인 역할을 했던 박정관 목사님이 '예배팀 사역의 노하우'에 쓴 글 중 '예배모임의 진행'을 발췌한 내용을 중심으로, 하나님의 임재 안으로 들어가 하나님과 교제할 때 그 안에 포함되어 있는 다양한 요소들과 의미를 살펴보려고 합니다. 한 가지 기억할 것은, 오늘 나누는 내용이 유일한 법칙이 아니라 하나의 모델이라는 점입니다.

[예배모임의 진행/ 예배팀 사역의 노하우-박정관 목사]

① 예배에 대한 마음 나눔 ② 기도
③ 감사 ④ 찬양 ⑤ 송축
⑥ 교제 ⑦ 죄의 고백
⑧ 예배 ⑨ 성령의 사역
⑩ 선포 ⑪ 경축
⑫ 메시지 ⑬ 헌신 & 헌금, 광고, 기도 또는 축도

1) 예배에 대한 마음 나눔
2) 기도

어노인팅 1집을 들어보면 첫 번째 트랙에 박정관 목사님이 예배에 대한 마음을 나누며 기도로 인도하는 내용을 볼 수 있습니다. 예전에 다리놓는사람들 목요모임에서 녹음했던 내용을 삽입한 것인데, 이 내용은 예배모임을 시작할 때 어떻게 예배를 시작하는가에 대한 하나의 모델을 보여 주고 있습니다.

예배의 시작은 예배 전체 흐름에서 가장 중요한 지점이라고 할 수 있습니다. 이 부분에서 예배의 성패가 좌우될 수 있기 때문입니다. 외국의 경우 예배의 시작부분을 'Ice Breaking(차가운 분위기를 깨트린다.)'으로 표현하기도 하는데, 이 부분에서 중요한 초점은 모임에 참석한 성도들이 분주한 생각을 내려놓고 경직된 마음을 풀고 하나님께 집중하도록 돕는 것입니다.

　　다양한 방법이 있을 수 있는데, 환영의 인사를 나누며 성도를 따뜻하게 맞이하면서 시작할 수도 있고, 믿음의 고백을 서로 나누게 하거나 말씀으로 격려하며 예배의 마음을 나누고 기도로 예배를 시작할 수도 있습니다. 가장 일반적인 형태 중 하나는 예배 시간에 첫 곡으로 부를 곡의 내용과 관련된 말씀이나 간증을 짧게 나누면서 노래로 연결하는 것입니다.

예배모임의 진행(1): 감사, 찬양, 송축

　　"감사함으로 그의 문에 들어가며 찬송함으로 그의 궁정에 들어가서 그에게 감사하며 그의 이름을 송축할지어다"(시100:4)에는 하나님의 임재 안으로 들어갈 때의 과정이 기록되어 있다. 원망과 쓴 마음은 하나님을 향한 눈을 멀게 하지만 감사는 하나님의 임재 앞으로 들어가는 문을 여는 열쇠가 된다. 감사가 회복되면 하나님 앞으로 뻗은 길이 환히 보인다. 따라서 모임을 시작할 때 인도자가 회중으로 하여금 하나님의 선함과 사랑에 대한 신뢰를 가지고 감사하면서 하나님 앞에 나아가도록 권면하거나 기도하는 것이 좋다.

그다음에는 함께 하나님을 찬양하고 송축한다. 찬양한다는 것은 하나님의 성품과 하신 일들을 노래나 목소리 등의 방법으로 고백하여 그분을 높여 드리는 것이다. 그리고 송축한다는 것은 하나님께서 베푸신 복과 은혜를 고백하여 하나님을 영화롭게 하는 것이다. 우리는 하나님을 노래로 찬양하는 것에는 익숙해져 있다. 하지만 노래 이외의 방법으로도 하나님을 찬양하는 것에 익숙해질 필요가 있다. 곡조 없이, 기도 중에, 외쳐서 하나님을 찬양하고 송축할 수 있다.

**(박정관 목사 / 예배팀 사역의 노하우 발췌)**

## 3) 감사

예배에서 감사가 중요한 이유는, 감사하기 위해서는 대상이 있어야 하는데 감사 자체가 대상을 인정하는 믿음의 행위를 만들어 내기 때문입니다.

> "감사는 하나님의 실존을 인정하는
> 그리스도인의 신앙고백입니다."

"믿음이 없이는 하나님을 기쁘시게 하지 못하나니 하나님께 나아가는 자는 반드시 그가 계신 것과 또한 그가 자기를 찾는 자들에게 상 주시는 이심을 믿어야 할지니라.(히11:6)" 예배의 자리로 나아갈 때 가장 중요한 기초는 하나님의 실존을 인정하는 믿음입니다.

건물을 세울 때 기초가 중요한 것처럼, 감사는 예배라는 건물을 든든히 세우기 위한 기초입니다. 예배를 시작할 때 인도자는 회중으로 하여금 하나님이 어떤 분이고 어떤 일을 행하셨는지를 기억하고 하나님께 감사함으로 나아가도록 하는 것이 좋습니다.

많은 경우 감사라는 단어를 떠올리면 '내가 감사할 내용이 뭐가 있지'라고 생각합니다. 감사의 이유를 하나님께서 우리에게 무엇을 주셨고, 어떤 일을 행하셨는가에서 찾는 것입니다. 하지만 성경이 말하는 감사의 근거는 하나님의 성품, 하나님의 하나님 되심에 있다고 말하고 있습니다. 변함없는 하나님의 사랑, 아침마다 새로운 하나님의 성실, 무궁한 하나님의 자비와 긍휼, 그 자체가 감사의 제목인 것입니다. '온 맘 다해'의 가사 중 '다 이해할 수 없을 때에도 감사하며 날마다 순종하며 주 따르오리다'라는 고백이 가능한 것은 하나님의 선하심을 신뢰하기 때문입니다. 때로 우리 삶에서 이해할 수 없는 상황이나 내 힘으로 감당할 수 없는 산과 같은 문제가 가로막을 수 있는데, 이때 중요한 것은 우리 문제보다 크신 하나님, 우리로 하여금 넉넉히 이기게 하시는 하나님을 믿음으로 바라보는 것입니다.

참된 예배는 자신의 상황이나 문제를 바라봄으로 시작되는 것이
아니라 우주의 창조주이시며, 우리의 구원자 되신 하나님을
바라봄으로 시작되는 것입니다.

언제부터인지 감사가 하나의 이벤트가 되었습니다. 특별한 사건, 웬만큼 비중이 느껴지지 않는 일은 감사의 조건으로 여기지 않는 것입니다. 현대인의 불행은 우리의 일상에 널려있는 작은 감사를 잃어버린 것입니다. 성경은 "범사에 감사하라(살전5:18)"고 말씀하고 있습니다. 어떻게 모든 일에 감사할 수 있을까요? 그 비결은 하나님께서 우리 일상의 삶에 허락하신 작은 감사를 찾아내는 것입니다. 선하신 하나님께서 우리에게 범사에 감사하라고 요구하신다는 것은, 없는 감사를 쥐어짜서 만들어 내라는 것이 아니라 이미 우리 삶에 감사해야 할 재료를 주셨음을 말하는 것입니다. 가정에서, 직장에서, 학교에서 감사의 우물을 길어 올리십시오. 감사는 또 다른 감사, 더 큰 감사를 낳고, 삶의 작은 감사 하나 하나가 모일 때 우리의 삶은 깊고 넓은 감사의 바다를 경험하게 될 것입니다.

그리스도인으로서 자신이 영적으로 건강한지 그렇지 않은지를 가늠할 수 있는 시금석이 있다면 그것은 감사입니다. 건강한 그리스도인의 삶에는 감사가 있습니다. 하나님을 향한 사랑과 열정이 식어져 있다면 감사하십시오. 예배의 감격을 잃어버렸다면 감사

하십시오. 우리의 창조주요 구원자이신 하나님께 어떻게 감사함이 없이 나아갈 수 있겠습니까?

감사의 노래

주께 감사하세(C key)
감사해요 주님의 사랑(D key)
감사함으로(E key)
거룩하신 하나님(F key)
왕 되신 주께(G key)

## 4) 찬양

하나님을 찬양한다는 것은 단순히 기독교적인 또는 성서적인 내용을 담은 노래를 한다는 뜻이 아니라 하나님의 성품과 행위를 고백하여 하나님을 높이는 모든 행위(노래, 악기연주, 미술, 무용 등)를 의미하는 것입니다. 기도의 장소가 골방이라면 찬양의 장소는 광장이라고 말합니다. 하나님이 얼마나 좋으신 분인지, 그분이 우리 삶에 얼마나 놀라운 일을 행하셨는지를 칭찬하고 자랑하며 드러내는 것입니다. "이 백성은 내가 나를 위하여 지었나니 나를 찬송하게 하려 함이니라.(사43:21)"

찬양의 노래

사랑하는 나의 아버지(C key)

주의 이름 높이며(G key)

다 와서 찬양해(G key)

기뻐하며 왕께(G key)

찬양하세(A key)

## 5) 송축

송축한다는 것은 하나님을 축복한다는 의미로, 우리가 보통 감사를 생각할 때 갖는 의미로 이해할 수 있습니다. 송축은 하나님께서 우리 삶에 베푸신 복과 은혜를 다시 하나님께 올려드리는 것입니다. 우리나라에서는 송축에 대한 이해가 부족하기 때문에 곡을 번역할 때 '송축'을 '찬양'으로 번역한 경우가 많은데, 송축의 의미를 잘 드러내고 있는 곡으로 매트 & 베스 레드먼(Matt and Beth Redman)이 함께 만든 'Blessed Be Your Name(주 이름 찬양)'이 있는데 안타까운 것은 이 곡도 '송축'을 '찬양'으로 번역한 것입니다"

이 곡의 작곡자 매트와 그의 아내 베스는 이 곡이 쓰여진 배경에 대해 이렇게 얘기하고 있습니다. [경배와 고난, 하나님의 주권이라는 주제가 담긴 이 곡은 고통스러울 때든 기쁠 때든, 하나님을 예배하는 것이 언제나 최고의 선택이라는 깊은 확신에서 태어났다. 이르되 내가 모태에서 알몸으로 나왔사온즉 또한 알몸이 그리로 돌아 가올지라 주신 이도 여호와시오 거두신 이도 여호와시오니 여호와의 이름이 찬송을 받으실지니이다 하고(욥1:21) 비록 무화과나무가 무성하지 못하며 포도나무에 열매가 없으며 감람나무에 소출이 없으며 밭에 먹을 것이 없으며 우리에 양이 없으며 외양간에 소가 없을지라도, 나는 여호와로 말미암아 즐거워하며 나의 구원의 하나님으로 말미암아 기뻐하리로다(합3:17,18)] 송축의 의미에 대해서 더 깊이 알기 원한다면 매트와 베스가 쓴 동명의 책 'Blessed Be Your Name'을 읽어보기를 추천합니다.

주 이름 찬양 풍요의 강물 흐르는
부요한 땅에 살 때에 주님 찬양해
주 이름 찬양 거칠은 광야와 같은
인생길 걸어갈 때도 주님 찬양해

모든 축복 주신 주님 찬양하리
어둔 날이 다가와도 난 외치리
주의 이름을 찬양해
주의 이름을 주의 이름을 찬양해
영화로운 주 이름 찬양

주 이름 찬양 햇살이 나를 비추고
만물이 새롭게 될 때 주님 찬양해
주 이름 찬양 가는 길 험할지라도
고통이 따를지라도 주님 찬양해
모든 축복 주신 주님 찬양하리
어둔 날이 다가와도 난 외치리

( Blessed Be Your Name 한글번역가사)

## 예배모임의 진행(2) : 사귐과 죄의 고백.

예배 중에 서로 교제하는 시간을 잠깐 가지는 것이 좋다. 하나님을 예배하는 모임에 왜 교제가 포함되어야 하는지 의아해할 사람이 있을 것이다. 그러나 "예물을 제단에 드리려다가 거기서 네 형제에게 원망들을 만한 일이 있는 것이 생각나거든, 예물을 제단 앞에 두고 먼저 가서 형제와 화목하고 그 후에 와서 예물을 드리라(마5:23,24)"고 하신 주님의 말씀은 하나님과의 관계에 사람들과의 관계가 중요하게 관련되어 있다는 것을 보여 준다. 그리고 시133편은 성령의 기름부음이 그리스도인들의 하나 됨을 통해 임한다는 것을 보여 준다. 그렇기 때문에 인도자는 회중들로 하여금 주님 안에서 서로 사랑을 고백하고 격려와 위로의 말을 나누며 서로를 위해 기도하도록 인도하는 것이 좋다.

모임에 참석한 사람들 중에서 누군가가 개인적인 간증을 해도 좋다. 삶 속에서 하나님이 어떻게 일하셨는지를 나누는 것은 회중 전체에게 좋은 영향을 끼칠 수 있기 때문이다. 혹시 개인적으로 하나님께 고백하지 않은 죄가 있다면 회개해야 한다. 죄는 하나님과 우리의 관계를 막히게 할 수 있기 때문이다.

(박정관 목사 / 예배팀 사역의 노하우 발췌)

사귐과 죄의 고백은 우리를 십자가로 안내하는데, 나와 지체들과의 수평적인 관계와 나와 하나님과의 수직적인 관계를 돌아보게 됩니다. "누구든지 하나님을 사랑하노라 하고 그 형제를 미워하면 이는 거짓말하는 자니 보는 바 그 형제를 사랑하지 아니하는 자는 보지 못하는 바 하나님을 사랑할 수 없느니라(요일4:20)" 하나님과의 깊고 친밀한 사귐으로 나아가기 위해서는 지체들과의 화목과 하나님 앞에서의 죄의 문제가 반드시 처리되어야 합니다.


## 6) 교제

예배에서 교제는 대단히 중요한 부분을 차지하는데, 적어도 두 가지의 의미에서 그렇게 생각할 수 있습니다. 첫째, 예배가 하나님과의 교제이기 때문입니다. 예배에서 교제는 바로 이 부분을 우리에게 상기 시켜 줍니다. 눈에 보이는 지체와의 교제를 통해 눈에 보이지 않는 하나님과의 교제에 대한 시각을 열어 주는 것입니다. 둘째, 교제는 성도들이 예배에 참여할 수 있는 기회를 제공해 줍니다. 저명한 예배학자 로버트 웨버는 그의 책 'Worship is a Verb'에서 현대예배의 문제점을 지적하면서 "예배를 드리는 회중이 시청자와 별반 다를 것이 없다는 사실을 깨닫게 되었다."라고 말하고 있습니다. 그 핵심은 회중이 예배에 참여하기보다 TV를 보듯 예배를 관람(구경)하고 있다는 것입니다. 큰 교회일수록 이런 위험에 노출될 가능성이 많은데, 성도 한 사람 한 사람을 하나님과의 인격적인 교제로 안내하기보다 잘 준비된 공연을 보여 주는 것 같은 느낌을 받을 때가 있기 때문입니다. 규모 있고 잘 준비된 교회에서 예배를 드릴 때 마치 예배 전문가가 대신 예배를 드려 주는 것 같은 생각이 들 때가 있습니다. 예배인도자가 선곡한 노래를 따라 부르고, 장로님의 대표기도, 성가대의 찬양과 목사님의 설교가 물 흐르듯 잘 진행됐는데 문제는 예배에서 마음을 열고 내 의지를 동원해서 참여할 자리가 제공되지 않을 수 있는 것입니다. 예배는 누가 대신 드려 줄 수 있는 그런 문제가 아닙니다. 예배모임에 참석하는 것과 예배를 드리는 것은 다른 것입니다.

교회는 이 부분을 고민하고 준비해야 합니다. 어떻게 성도들이 하나님과 인격적인 교제, 의미 있는 예배의 자리로 참여하게 할 것인가? 성도들이 예배에 참여할 수 있는 대안을 제안한다면 예배에 참석한 성도가 자신의 의지를 동원하고 입술을 열어 누군가에게 고백을 나누며 교제의 시간을 갖는 것입니다. 상황이 허락된다면 이 시간에 서로를 위해 기도하는 시간을 가질 수도 있습니다. 또 하나는 설교말씀 후에 말씀을 삶에 적용하고 결단과 헌신의 기도를 가짐으로 예배에 참여할 수 있는 기회를 줄 수도 있습니다. 중요한 것은 성도들이 설교자에게 시선이 머무는 것에 그치지 않고 하나님을 향하고 만나도록 인도하고, 하나님께 반응하는 예배로 이끄는 것 입니다.

## 교제와 축복의 노래

아주 먼 옛날(C key)
당신은 사랑받기 위해(D key)
축복의 통로(E key)
평화 하나님의 평강이(E key)
주의 사랑으로(E key) 축복송(G key)

## 7) 죄의 고백

　교제가 사람과의 관계를 돌아보고 회복하는 시간이었다면, 죄의 고백은 하나님과 나와의 관계를 점검하고 관계에 막힌 것이 없는지를 돌아보는 시간입니다. 성경은 이렇게 말하고 있습니다.
　"여호와의 손이 짧아 구원하지 못하심도 아니요 귀가 둔하여 듣지 못하심도 아니라 오직 너희 죄악이 너희와 너희 하나님 사이를 갈라 놓았고 너희 죄가 그의 얼굴을 가리어서 너희에게서 듣지 않으시게 함이니라(사59:1,2)"

　죄는 거룩하신 하나님과 우리와의 관계를 가로막는 것입니다. 그렇기 때문에 죄의 문제를 다루지 않는다면 우리는 하나님과 친밀한 교제를 가질 수 없는 것입니다. 진정한 회개는 나의 기준에서의 죄가 아니라 하나님의 기준(관점)에서 다루어져야 합니다. 참된 예배는 우리를 진리의 빛 가운데로 인도합니다. 이때 성령의 조명하심을 따라 우리 안에 어떤 죄가 있는지, 연약함이 있는지 보여 주시기를 위해 기도하게 되는데, 이때 하나님께서 우리에게 생각나게 하시는 죄가 있다면 예수님의 피를 의지해서 기도하는 것입니다. "만일 우리가 우리 죄를 자백하면 그는 미쁘시고 의로우사 우리 죄를 사하시며 우리를 모든 불의에서 깨끗하게 하실 것이요 (요일1:9)"

죄 고백의 노래

항상 진실케(C key)
나의 마음을 정금과 같이(E key)
정결한 맘 주시옵소서(G key)
죄에서 자유를 얻게 함은(A key)

## 예배모임의 진행(3) : 예배와 성령의 사역

하나님께 대한 경의의 표현인 예배(또는 경배)는 여러 방법으로 표현될 수 있다. 우선 예배의 내용을 담은 곡을 부르면서 예배의 마음을 표현할 수 있다. 또한 하나님에 대한 사랑을 입으로 고백하거나 침묵 속에서 하나님을 묵상할 수 있다. 만일 자유로운 성격의 모임이면 무릎을 꿇거나 엎드려 예배의 마음을 표현할 수도 있을 것이다.

그 다음은 성령께서 사역하시는 시간이다. 성령께서는 예배모임에 참석한 사람들의 필요에 응답하고 싶어 하신다. 모임에 참석한 사람들 중 혹 아직 거듭나지 않은 사람에게 예수님을 영접하여 하나님의 자녀가 될 수 있는 기회를 줄 수도 있다. 그리고 예수님을 영접하기는 했으나 아직 주님께 삶을 드리지 않은 사람에게 헌신의 기회를 줄 수도 있다. 몸의 병과 마음의 상처가 치유되도록 기도하는 시간을 가질 수도 있다.

교회와 나라를 위해 중보기도를 할 수도 있다. 하나님을 예배하다 보면 하나님의 마음을 알게 된다. 사람들이 죄와 죽음에 묶여 있는 것에 대해 하나님께서 안타까워하신다는 것을 알면, 그들이 죄와 죽음으로부터 풀려나게 되도록, 그리고 이 세상에 하나님의 뜻이 이루어지도록 기도하게 된다. 그리고 사람들이 죄와 죽음으로부터 해방되도록 그들을 묶고 있는 악한 영들을 예수 그리스도의 이름으로 묶으며 영적전쟁을 할 수도 있다.

(박정관 목사 / 예배팀 사역의 노하우 발췌)

## 8) 예배(경배)

"모든 사람과 더불어 화평함과 거룩함을 따르라 이것이 없이는 아무도 주를 보지 못하리라(히12:14)" 교제와 죄의 고백을 통해 사람들과의 관계와 하나님과의 관계가 회복될 때 자연스럽게 우리는 하나님과 생명의 교제가 있는 경배의 자리로 나아가게 됩니다. 경배는 예배의 최종목적지(Goal)로 모세의 성막에서 지성소와 같은 곳입니다. 지성소의 예배는 하나님의 실존을 경험하는 자리로 하나님이 어떤 분이시고, 그 앞에선 내가 어떤 존재인지를 보게 합니다. 거룩하신 하나님, 크고 영화로우신 하나님을 대면할 때 우리는 하나님의 임재와 영광 앞에 나를 낮추고 엎드리게 됩니다.

"경배는 경이에 뿌리를 박고 있다. 우리는 별다른 경이감 없이 누군가를 존경하고 그에게 감사할 수 있으며 어쩌면 심지어는 그를 숭배할 수조차 있다. 그러나 경이감 없이 경배를 하는 것은 불가능하다. 경배를 경배되게 하기 위해, 경배는 반드시 하나님의 타자성을 포함해야만 한다."

(엎드림-매트 레드먼 p35)

예배를 크게 찬양과 경배, 두 부분으로 나누어서 생각해 볼 수 있는데, 박정관 목사님은 찬양과 경배의 차이를 이렇게 설명하고 있습니다. **"찬양의 핵심이 소리인 반면, 경배의 핵심은 몸가짐이라는 것이다. 찬양이 일어서거나 매우 큰 소리로 주님을 높이는 데에 초점을 두는 반면, 경배는 근본적으로는 소리 없이 자신을 낮춤으로써 주님을 높이는 것에 초점을 둔다. 찬양이 하나님의 성품과 행위, 또는 현존과 통치에 대해 선포하는 것이라면, 경배는 하나님께서 어떤 분이신지 그분 자체에 관심을 두는 것이다."** 건강한 예배는 찬양과 경배가 균형을 이루는 형태를 갖고 있습니다. 위의 내용을 근거로 오늘날 한국교회의 예배상황을 살펴보면 심각한 불균형 상태에 있는 것을 볼 수 있습니다. 예배에서 찬양에 대한 반응(일어서고, 손뼉치고, 춤을 주는)은 있지만 경배(엎드림)는 찾아보기 어려운 것을 볼 수 있습니다. 수많은 찬양을 부르고 있지만 정작 예배의 목적지(Goal)인 경배로 나아가지 못하고 있는 것입니다. 우리 예배가 경배로 나아가지 못한다는 것은 예배의 목적지를 잃어버린 것과 같은 것입니다. 하나님의 임재와 영광으로 가득한 경배의 자리로 나아가 세상을 이기시고 승리한 하나님, 모든 능력과 권세를 가지신 하나님을 만난다면 그리스도인의 삶은 결코 평범할 수 없을 것입니다.


"우리의 예배모임에서 기쁨의 외침은 꽤 흔히 찾아볼 수 있지만, 땅에 엎드리는 깊은 헌신은 얼마나 많이 드려지는가? 성경은 우리에게, 가장 진실하고 온전한 경배는 이 두 가지 요소를 모두 갖고 있음을 보여 준다."

(엎드림—매트 레드먼 p29)

그렇다면 왜 우리 예배가 경배의 자리로 나아가지 못하고 있는 것일까요?

첫째. 예배에 대한 무지 때문입니다.

항상 기본이 문제입니다. 예배의 목적은 하나님을 만나는 것입니다. 예배가 하나님과의 만남이라는 본질에 대한 이해가 부족하기 때문에 경배의 자리로 나아갈 수 없는 것입니다.

둘째. 예배(찬양)인도자에게 경배에 대한 경험이 없기 때문입니다.

예배인도란 단순히 노래하거나 음악을 연주하는 사역이 아닙니다. 이는 하나님과의 관계에 대한 것이며, 영적인 세계에 대한 이해와 경험이 필요합니다. 신학을 하고, 예배학교를 수료했다고 해결될 수 있는 문제도 아닙니다. 예배인도자가 예배에서 경배에 대한 경험이 없다면 회중을 경배의 자리로 이끌 수 없을 것입니다.

셋째. 진정한 회개가 없기 때문입니다.

예배에서 거룩하신 하나님을 대면할 때 나타나는 하나의 공통적인 반응은 자신이 죄인이라는 것을 깨닫는 것입니다. 구약의 예배에서 거룩함이 없이 하나님께 나아간다는 것은 죽음을 의미했습니다. 경배의 자리로 나아갈 때 하나님은 우리에게 거룩함을 요구하십니다. 죄인 된 우리가 지성소로 나아갈 수 있는 유일한 길은 십자가에서 우리의 죄와 허물을 대속하신 예수님의 피를 힘입어 나아가는 것입니다. "그러므로 형제들아 우리가 예수의 피를 힘입어 성소에 들어갈 담력을 얻었나니(히10:19)" 진정한 회개는 우리를 하나님과 생명의 교제가 있는 경배의 자리로 인도하는 것입니다.

이와 함께 생각해 보고 싶은 것은 목회자의 인식과 예배시간입니다. 목회자가 예배에서 경배의 시간을 허용할 수 있는가? 사실이 부분이 가장 중요한 열쇠가 될 수 있습니다. 목회자가 경배에 대한 경험이나 이해가 없다면 기존의 예배에 경배의 영역을 포함할 수 없을 것입니다. 또 예배에서 경배의 자리로 나아가기 위해서는 최소한의 시간이 필요한데 지금 우리에게 주어진 예배시간은 경배의 자리로 나아가는데 구조적인 어려움이 있는 것을 볼 수 있습니다.

다시 한번 강조하고 싶은 것은 우리가 추구해야 할 예배의 목적지(지성소)가 '경배'라는 것과 우리 예배에 경배가 없다면 우리가 드리고 있는 예배는 반쪽짜리 예배이며 예배의 핵심을 놓치고 있는 것입니다. 교회의 공예배에서 경배의 자리를 생각해 본다면 예배를 소통이라는 측면으로 이해할 때 우리가 하나님 앞에 머물러 하나님의 얼굴을 구하며 그분의 말씀을 듣는 시간이 될 것입니다.

예배를 섬기면서 최고의 예배를 그려본다면, 사람냄새가 나지 않고 하나님의 임재와 영광으로 가득한 예배를 생각할 수 있습니다. 오늘날 성도들이 예배에 대해 갖고 있는 깊은 관심은 하나님에 대한 갈급함에서 시작된 것입니다. 성도들은 예배에서 하나님을 만나고 싶은 것입니다. 이것은 특별한 것이 아닙니다. 우리 예배가 성령님의 개입하심에 열려있고, 예배의 주도권을 하나님께 드린다면 우리는 성령하나님이 주도하시는 예배, 이전에 한 번도 가본 적이 없는 하나님의 경이로움으로 가득한 예배의 자리로 나아가게 될 것입니다.

경배의 노래

주께 와 엎드려(C key)
목마른 사슴(D key)
예배합니다(E key)
경배하리 주 하나님(G key)
지존하신 주님 이름 앞에(G key)
예수 우리 왕이여(A key)

## 9) 성령의 사역

"예배에서 경배는 하나님의 임재와 함께 하나님의 나라를 불러옵니다. 모든 걱정과 의심은 사라지고 예배에서 회색지대를 몰아내게 됩니다. 그리고 우리는 모든 주권과 권세를 가지신 하나님을 만남으로 내 삶의 주인이 누구이며, 무엇을 섬길 것인가를 결정하는 것입니다.

"그러므로 이제는 여호와를 경외하며 온전함과 진실함으로 그를 섬기라 너희의 조상들이 강 저쪽과 애굽에서 섬기던 신들을 치워 버리고 여호와만 섬기라 만일 여호와를 섬기는 것이 너희에게 좋지 않게 보이거든 너희 조상들이 강 저쪽에서 섬기던 신들이든지 또는 너희가 거주하는 땅에 있는 아모리 족속의 신들이든지 너희가 섬길 자를 오늘 택하라 오직 나와 내 집은 여호와를 섬기겠노라 하니 (수24:14,15)

예배에서 하나님의 나라와 통치가 임할 때 우리의 몸과 마음, 영에 치유와 영적인 회복이 일어나고 예배자의 마음을 하나님의 마음으로 물들이는 사역이 일어납니다. 또한 예배사역은 중보기도와 영적전쟁을 수반하게 되는데, 하나님이 어떤 분이고, 하나님께서 우리에게 주신 권위가 무엇인가를 알게 되면 우리는 하나님의 마음으로 중보하고 하나님이 주신 권위로 악한 영을 대적하며 영적전쟁을 하게 됩니다.

성령의 사역에 관한 노래

거룩하신 성령이여(C key)
성령이여 내 영혼을(D key
마음이 상한 자를(F key)
아버지여 구하오니(F key)
주님과 같이(G key)
나의 백성이 다 겸비 하여(A key)

**예배모임의 진행(4) : 선포와 경축**

　　참된 예배의 결과로 일어나는 성령의 사역은 예배자의 마음을
자유하게 하고 참 평안과 기쁨을 회복하게 한다. 이때 예배자들의
마음으로부터는 하나님의 권위와 권능에 대한 인식과 고백이 일
어나며 하나님의 다스림과 구원에 대한 선포가 마음으로부터 우
러나오게 된다. 그리고 그러한 선포는 노래, 손뼉, 외침, 악기 연
주, 춤 등으로 기쁨과 함께 표현된다.

(박정관 목사 / 예배팀 사역의 노하우 발췌)

## 10), 11) 선포와 경축

　　**"이 때에 모세와 이스라엘 자손이 이 노래로 여호와께 노래하
니 일렀으되 내가 여호와를 찬송하리니 그는 높고 영화로우심이
요 말과 그 탄 자를 바다에 던지셨음이로다 여호와는 나의 힘이요
노래시며 나의 구원이시로다 그는 나의 하나님이시니 내가 그를**

**찬송할 것이요 내 아버지의 하나님이시니 내가 그를 높이리로다 (출15:1~2)"** 출애굽기 15장 말씀은 하나님의 구원을 경험한 하나님의 백성이 하나님을 선포하고 경축하는 좋은 예라 할 수 있습니다. 하나님과의 만남을 통해 구원과 치유 성령의 역사하심을 경험할 때 성도들은 하나님을 찬양하며 승리의 잔치를 벌이게 됩니다. 하나님이 행하신 일들을 기뻐하며 경축(Celebrate – 기념하다, 축하하다)하는 것입니다.

선포와 경축에 관한 노래

주 예수 기뻐 찬양해(E key)
기뻐하며 승리의 노래 부르리(E key)
주님의 영광 나타나셨네(G key)
내 구주 예수님(A key)

## 예배모임의 진행(5): 메시지, 광고, 기도 또는 축도

그 날을 위해 준비된 메시지를 전하는 시간을 가진다. 대부분 설교 형태를 택하지만, 연극을 통해서도 가능하고 비디오나 다른 시청각 자료도 도움이 될 것이다. 이 외에도 여러 가지 창의적인 방법이 있을 수 있지만 아무튼 메시지를 통해서 모임에 참석한 사람들이 자신과 자신이 속해있는 공동체를 바로 알고, 그러면서 하나님의 비전을 나누는 기회가 될 것이다. 그리고 그 내용에 따라 기도할 수 있다. 광고가 공동체 안에 무슨 일이 일어나고 있는지를 알려 공동체가 그 일에 대해 한 몸으로서 반응하도록 돕는 시간임을 잊어서는 안 된다. 광고 뒤에 노래하는 시간을 좀 더 가질 수도 있고, 기도나 축도로 모임의 모든 순서를 마칠 수도 있다.

## 12) 메시지와 헌신의 시간

예배의 모델을 통해 한국교회의 예배를 생각해 보면, 보통 경배 (하나님의 임재를 인식하면서 하나님께 반응이 일어나는 지점)의 시간으로 들어가면서 설교 메시지로 연결되는 것을 볼 수 있습니다. 예배에서 설교가 경배와 성령의 사역을 담당하게 되는데, 목사님의 말씀을 통해 하나님의 음성을 듣고 하나님을 만나는 시간을 갖게 되는 것입니다. 예배에서 설교는 회중이 하나님을 만나고 말씀을 들을 수 있도록 기회를 제공하는 대단히 중요한 역할과 책임을 갖고 있습니다. 설교 말씀 이후에는 삶에 적용하고 헌신의 시간을 갖게 됩니다.

이사야 6장에서 이사야 선지자가 거룩하신 하나님을 대면했을 때 즉각적으로 보였던 반응은 "그 때에 내가 말하되 화로다 나여 망하게 되었도다 나는 입술이 부정한 사람이요 나는 입술이 부정한 백성 중에 거주하면서 만군의 여호와이신 왕을 뵈었음이로다 하였더라(사6:5)"는 것이었습니다. 하나님의 거룩하심 앞에서 거룩하지 않은 자신의 모습을 보게 된 것입니다. 이때 하나님은 이사야의 죄를 사하시며 이렇게 말씀하셨습니다. "내가 또 주의 목소리를 들으니 주께서 이르시되 내가 누구를 보내며 누가 우리를 위하여 갈꼬 하시니(사6:8 上)" 여기에서 이사야는 하나님의 영광스러운 부르심에 즉각적인 헌신의 고백으로 반응하고 있는 것을 볼 수 있습니다. "그 때에 내가 이르되 내가 여기 있나이다 나를 보내소서 하였더니(사6:8下)" 참된 예배는 우리의 삶을 변화시키고 삶의 목적을 발견하게 하며, 우리를 헌신의 자리로 인도합니다.

예배인도자로서 예배를 섬기는 모든 사역자의 공통분모는 성도들이 하나님께 초점을 모으고, 하나님을 만나도록 돕는 것입니다. 그렇기 때문에 예배사역자에게 가장 기본적이면서 중요한 사명은 하나님 앞에 한 사람의 예배자가 되는 것입니다. 앞의 글에서도 말했지만, 사람이 기억되지 않고 하나님의 임재와 영광이 충만한 예배의 자리로 나아가기 위해서는 사역자들(설교자, 예배인도자, 성가대, 대표기도자)이 먼저 예배자가 되어야 합니다. 그저 좋은 예배, 좋은 찬양, 좋은 설교만으로는 충분하지 않습니다. 우리는 예배를 통해 하나님을 만나야 합니다.

## 13) 헌금, 광고, 기도 & 축도

교회 상황에 맞게 들어오면서 자유롭게 헌금을 할 수도 있고, 예배 중간에 헌금하는 시간을 가질 수도 있습니다.

예배의 모델을 통해 하나님과의 교제의 과정과 의미를 살펴보았습니다. 이곳에서 나눈 내용을 통해 각자 교회에서 드리는 예배순서의 의미를 되새기고 혹 우리 예배에서 잃어버리고 있었던 내용이 있다면 다시 회복할 수 있기를 간절히 소망합니다.

### 도움 글

"교회 안에 참된 예배가 회복될 때 이 땅의 참된 부흥이 임할 것입니다." 매주 이 땅에 있는 수만 개의 교회가 세상을 이기시고 승리하신 예수님이 우리 안에 살아계심을 인정하고 높이며 증거할 때 하나님은 이 땅의 교회로 하여금 놀라운 일을 행하실 것입니다. 참된 예배는 우리가 밟고 있는 땅과 믿음으로 품고 있는 영역 가운데 예수님의 구원과 통치를 선포하며 하나님이 일하시는 영적인 통로를 만드는 것입니다.

## 2. 예배곡 해석의 원리와 실제 (예배곡에 생명력 불어넣기)

예배곡 해석은 예배인도자가 훈련해야 할 가장 기본적이면서 실제적인 영역으로, 크게 두 가지의 해석이 있습니다. 첫째는 노래의 가사를 묵상하여, 자신의 고백으로 만드는 내용적인 해석이 있고, 둘째는 노래의 조(key)와 리듬(Rhythm), 빠르기(Tempo)에 대한 음악적인 해석이 있습니다. 예배흐름에서 곡과 곡의 연결과 편곡에서 가장 중요한 것은 곡의 내용을 어떻게 해석하는가에 있습니다. 곡 해석에서 한 가지 기억해야 할 것은 항상 내용적인 해석이 음악적인 해석보다 선행된다는 점입니다.

현대에 있어서 음악 스타일을 통해 기독교음악과 일반음악의 경계를 나누는 것은 이젠 진부한 얘기가 되어 버렸습니다. 오늘날 세계적으로 영향력 있게 사역하고 있는 예배사역 단체들의 특징을 살펴보면 동시대적인 음악스타일에 예배의 마음을 담아 강력한 예배언어를 구사하고 있는 볼 수 있습니다. 새들백교회를 담임하는 릭 워렌(Rick Warren)목사는 그의 책에서 이렇게 말하고 있습니다. "크리스천 음악이라는 것은 없다. 단지 기독교적인 가사가 있을 뿐이다. 노래를 성스럽게 만드는 것은 음이 아니라 가사다." 기독교 음악에서 메시지의 중요성을 다시 한번 생각하게 하는 내용입니다. 곡을 편곡하고 곡에 새로운 영감과 생명력을 불어넣는 것은 가사묵상을 통해 그 곡에 담긴 의미를 올바로 파악하는 것입니다.

예배사역에서 노래에 담긴 가사를 묵상하고 메시지를 이해하는 것이 얼마나 중요한가를 깨달은 것은 제가 새로운 차원의 예배사역으로 자라는데 결정적인 영향을 주었다고 생각합니다.

"교회 안에 노래가 부족하지 않습니다.
문제는 고백이 없는 것입니다."

예배에서 매주 수많은 노래를 부르고 있지만 우리가 부르는 노래가 하늘과 땅을 연결하는 임재의 통로가 되지 못하고 허공을 치는 공허한 메아리가 되고 마는 것은 노래의 가사가 나의 고백이 되지 않고, 나의 믿음을 담아내지 못하기 때문입니다. 우리가 노래한다는 것은 누군가에게 메시지를 전달한다는 것을 의미하는 것입니다. 싱어가 노래 할 때 가사내용에 대한 이해가 없이 노래한다는 것은 누군가와 대화를 나눈다고 할 때 내가 무슨 말을 하는지도 모르는 상태에서 이야기를 하는 것과 같은 결과를 낳게 되는 것입니다. 우리가 부르고 있는 노래를 올바로 이해하고 그 안에 생명을 불어넣을 수 있다면 우리의 고백과 예배는 달라 질 것입니다. 의미 없이 불려졌던 노래의 고백 속에 담긴 진리, 보물을 찾아내는 것이 바로 예배곡 가사에 대한 묵상입니다. 예배를 섬기는 사역자가 기억해야 할 원칙 하나는 내가 믿어지지 않는 메시지로 회중을 섬길 수 없고, 나를 설득할 수 없는 메시지로 회중을 설득할 수 없다는 것입니다. 내가 어떤 고백을 하고 있는지에 대한 분명한 이해와, 그 고백이 내 안에 믿어질 때 그 고백은 살아있는 고백이 되고, 노래 이상의 영적인 메시지를 만들어 내는 것입니다. 예배인도자를 비롯하여 싱어와 연주자가 노래에 담긴 가사의 의미를 묵상하고,

그 내용을 마음으로 믿고 고백할 때 하나님은 그 노래를 통해 하나님의 진리와 영광을 드러낼 것입니다.

## 가사묵상의 원리(노래에 대해서)

1) 곡 해석에서 먼저 이해해야 할 것은 노래입니다. 노래란 개인의 내적인 상태에 대한 외적인 표현이라고 정의할 수 있습니다. 우리는 마음 가득한 것을 노래하게 되어 있기 때문입니다. 이러한 정의를 확대해 본다면 노래란 개인이나 단체(교회), 나라의 상태를 반영하고 있는 것을 볼 수 있습니다.

2) 노래가 가지고 있는 기능을 크게 세 가지로 살펴볼 수 있는데, 첫째, 사람들을 가르치고 계몽할 수 있습니다. 둘째, 사람들에게 하나님의 뜻을 전하고 선포하는 선지자의 역할을 할 수 있습니다. 셋째, 앞으로 이루어질 일에 대한 예언적인 메시지를 담아낼 수 있습니다.

예) 가르침: 둥근 해가 떴습니다(작자 미상)
　　선지자: Asleep In The Light(키츠 그린 곡)
　　예　언: 부흥(고형원)

3) 노래 한 곡이 한 편의 메시지가 될 수 있고, 기도가 될 수 있습니다.

## 메시지로서의 예
### Mission's Flame(선교의 불꽃)/매트 레드먼(Matt Redman)

예배가 선교의 불꽃을 위한 연료가 되게 하소서
우리는 당신 이름의 열정을 가지고 나아갑니다
우리는 당신의 찬양을 위해 나아갑니다
우리를 보내소서

예배가 선교를 겨냥한 마음(심장)이 되게 하소서
온 세상이 당신의 명성을 알 수 있도록
모든 족속과 방언이 당신을 찬양할 때까지
우리를 보내소서

당신은 모든 입술의 찬양이 되셔야 합니다
당신은 모든 마음들의 기쁨이 되셔야 합니다
그러나 당신 나라가 온전히 임하기까지
마지막 계시가 피어오르기까지 우리를 보내소서!

모든 족속  모든 방언
하늘과 땅의 모든 생물들
모든 마음  모든 영혼은
당신을 찬양할 것입니다
당신을 찬양할 것입니다.

모든 음과 모든 가락
모든 멜로디는 오직 당신만을 위한 것
모든 입술로부터 흘러나오는 모든 하모니
우리는 당신을 찬양할 것입니다
우리는 당신을 찬양할 것입니다

선지자 외침의 예
Asleep In The Light/ Keith Green(키스 그린)


여러분은 지금 사람들이 죄의 구렁텅이로 빠져드는 것을 보고 있습니까?
여러분은 사람들이 지옥에 빠져 가는 것을 그냥 보고만 있을 작정입니까
그들이 여러분 앞에 다가오는데도 침묵하고 있단 말입니까
마치 자기 할 일을 다 했다는 것처럼 눈을 감고 모른 체 하고 있군요


"오, 주님 내게 축복하소서 축복하소서."
여러분은 오로지 축복만을 달라고 외칩니다
아무도 괴로워하지 않고 아무도 가슴아파하지 않습니다
아무도 눈물 한 방울 흘리지 않습니다
그러나 주님은 눈물과 피를 흘리며 울고 계십니다
주님은 여러분이 필요한 모든 것을 채워주고 계십니다
그런데 여러분은 저 뒤에 물러나 푹신한 소파에 파묻혀 있습니다
그것이 바로 죄라는 것을 여러분은 모릅니까?


주님은 사람들을 여러분의 문 앞에 데려오지만
여러분은 얼굴에 웃음을 띠면서
"하나님의 축복을 기원합니다. 언제나 평안하십시오."
이렇게 말로만 하고 그들을 돌려보냅니다
하나님은 하늘에서 이를 보시고 눈물을 흘리십니다
예수님을 여러분 문 앞에 보내셨지만
여러분은 예수님을 들여보내지 않고 길가로 쫓아버렸습니다


여러분 마음을 여세요  여러분 자신을 버리셔야 합니다
여러분은 사람들이 필요한 것을 알고

그들이 울부짖는 소리를 듣습니다
그러니 더 이상 지체하지 마세요


하나님은 여러분을 부르십니다  당신도 그중의 하나입니다
그러나 당신은 요나처럼 도망가고 있습니다
하나님은 여러분에게 외치라고 명령하셨지만
여러분은 하나님의 명령을 가슴 속 깊이 감추고 있습니다
그것이 바로 죄라는 것을 여러분은 모릅니까?


세상은 어둠 속에서 잠들고 있습니다
그런데 교회는 싸우지 못하고 있습니다
교회가 밝은 빛 가운데 있으면서도 잠들어 있기 때문입니다
어떻게 교회가 그렇게 죽어있을 수 있단 말입니까
여러분 그동안 부족함 없이 잘 살아올 동안
예수님은 무덤에서 일어나셨습니다
그런데 여러분은 아직도 깊은 잠에 빠져있습니다


오 예수님은 죽음에서 일어나셨습니다
여러분 여러분도 어서 잠에서 깨어나세요


그들이 여러분 앞에 다가오는데도 침묵하고 있단 말입니까
마치 자기 할 일을 다 했다는 것처럼 눈을 감고 모른체하고 있군요
눈을 뜨세요  눈을 뜨세요  자기 할 일을 다 한 체하지 마세요
 "어서 나와 함께 가자 어서 나와 함께 가자 내 사랑이여
어서 이 죄악에서 일어나 나와 함께 가자 내 사랑이여"
주님이 말씀하고 있습니다.

(새로운 대중음악 CCM - 양동복 저. 번역가사 인용)

기도의 예
주께 가오니(The Power Of Your Love) / 제프 블록(Geoff Bullock)

주께 가오니 날 새롭게 하시고 주의 은혜를 부어 주소서
내 안에 발견한 나의 연약함 모두 벗어지리라 주의 사랑으로

나의 눈 열어 주를 보게 하시고 주의 사랑을 알게 하소서
매일 나의 삶에 주 뜻 이뤄지도록 새롭게 하소서 주의 사랑으로

주사랑 나를 붙드시고 주 곁에 날 이끄소서
독수리 날개 쳐 올라가듯 나 주님과 함께
일어나 걸으리 주의 사랑 안에

"모든 그리스도인이 알아야 할 기독교의 진리가 있다면
그 진리를 노래로 만들라."

## 가사묵상의 중요성

통계에 따르면 사람들이 설교보다 노래(찬송)를 더 오래 기억한
다고 합니다. 우리가 부르고 있는 노래의 가사가 우리 안에 믿어지
고 역사할 때 그 노래가 우리 인생을 바꿀 수 있는 것입니다.

1) 하나님을 찬양한다는 것은 노래나 음악 이상을의미하는 것입니다.

가사묵상을 통해 예배인도자가 가사의 의미를 올바로 이해하고, 그 내용이 마음으로 믿어질 때 인도자 안에 믿어지는 깊이의 영향력이 회중에게 흘러가고 그 깊이로 회중을 이끌게 됩니다. 하나님께서 그 고백(진리)을 통해 일하시기 때문입니다.

2) 노래에 대한 그림을 갖고 있어야 합니다.

가사묵상을 하면 노래를 부를 때 그 노래에 대한 그림을 갖게 됩니다. 예를 들어 우리가 맛있는 음식을 생각하면 그 음식에 대한 맛, 모양, 빛깔, 향 등 자연스럽게 음식에 대한 이미지가 떠오르는 것을 볼 수 있습니다. 마찬가지로 노래가사를 묵상할 때 노래를 통해 그림을 그리게 되는 것입니다. 그리고 그 고백으로 무슨 메시지(말)를 전해야 할지를 알게 됩니다. 좋은 글이나 음악을 들으면 그림을 보는 것 같이 눈앞에 이미지가 펼쳐지는 것을 경험할 때가 있는데 가사를 묵상하게 되면 곡이 갖고 있는 이미지와 정서, 메시지를 통해 그림을 갖게 되는 것입니다.

3) 가장 강력한 선포는 증거입니다.

가장 강력한 선포는 큰소리가 아닙니다. 어떤 상황과 환경 가운데도 흔들리지 않는 확신, 진리를 소유하는 것이며 증거하는 것입니다. 생명을 걸 수 없다면 그것은 진리가 될 수 없습니다. 자신이 고백하는 가사의 내용이 무엇을 의미하는지 이해하고 증거할 때 강력한 선포를 낳게 됩니다.

예) 내 평생에 가는 길(2004 컨퍼런스 앨범 수록)

## 가사묵상의 실제

성경말씀을 암송하는 것이 우리에게 유익한 것처럼 예배곡 가사 묵상을 하게 되면 이와 동일한 영적유익을 얻게 됩니다. 가사묵상을 통해 하나님께서 이미 우리 삶에 허락하신 수많은 노래에 생기를 불어넣고 새 노래로 찬양하게 되는 것입니다.

가사묵상의 예 / 은혜찬양(2008년 안정환 작사, 작곡)
이 모든 것이 주님의 은혜
이 모든 것이 은혜라네
이 모든 것이 주의 은혜
은혜 은혜라네
내가 가진 것들 중에
받지 않은 것 하나도 없으니
모두 주님의 은혜라
이 은혜를 깨달음도
모두 주님께 있으니
모든 것이 주님의 선물

1) 노래에 담긴 전체 내용에서 반복되는 단어나 핵심 메시지를 파악합니다.

위의 곡 '은혜 찬양' 에서 가장 핵심 메시지를 찾는다면 제목 그대로 '은혜' 를 생각할 수 있습니다. 핵심을 찾았다면 먼저 은혜의 뜻이 무엇을 의미하는지 파악해야 합니다. 단어 연구를 하는 것이 좋은데, 인터넷이나 사전도 찾아보고, 단어와 관련된 신앙서적, 목회자의 도움을 받을 수도 있습니다. '은혜' 의 의미를 쉽게 설명한다면 '받을 자격이 없는 자에게 거저 주시는 하나님의 선물'이라고 할 수 있습니다. 가사묵상을 통해 노래의 핵심을 파악하게 되면 제목만 봐도 노래의 내용이 무엇을 의미하는지 알게 되고, 그 핵심은 예배 곡을 선곡할 때 다음 곡의 흐름을 연결하는 중요한 길이 될 수 있습니다.

2) 노래의 내용과 연결되는 말씀을 찾아서 묵상합니다.

'은혜찬양'의 가사내용을 가장 잘 보여주는 말씀을 찾는다면 "너희는 그 은혜에 의하여 믿음으로 말미암아 구원을 받았으니 이것은 너희에게서 난 것이 아니요. 하나님의 선물이라. 행위에서 난 것이 아니니 이는 누구든지 자랑하지 못하게 함이라(엡 2:8,9)"를 말 할 수 있습니다. 가사내용과 함께 말씀을 연결하여 깊이 묵상합니다.

3) 노래의 내용이 예배에서 어떤 흐름에 사용하는 것이 적절한지를 파악합니다.

찬양에 관한 고백인지, 경배에 대한 고백인지, 아니면 감사나 교제에 대한 고백을 담고 있는지 예배의 다양한 상황에서 가장 적합한 자리를 찾는 것입니다.

4) 노래 가사를 묵상하면서 그 노래와 연결될 수 있는 곡을 찾아보십시오.

가장 중요한 것은 자연스러운 흐름을 만드는 것입니다. 내용적인 개연성과 음악적인 면(조, 리듬, 템포)이 잘 맞을 때 곡의 연결이 시너지를 만들게 됩니다.

## 5) 곡 해석의 실례

- 내 구주 예수님: 개인적인 고백에서 우주적인 선포로
- 나를 향한 주의 사랑: 온 우주에 충만한 하나님의 사랑
- 모든 권세와 모든 권세: 이 세상 최고의 가치보다 더 귀하신 주님
- 나 기뻐하리: 강력한 영적전쟁의 고백
- 사랑하는 나의 아버지: 하나님 아버지와의 관계


## 도움 글

　신앙이 자라감에 따라 가사의 의미가 새롭게 해석될 수 있습니다. 새 노래에 영향을 끼치는 가장 중요한 요소는 삶입니다. 평범한 곡이 삶을 통과할 때 삶의 언어를 담은 새 노래가 됩니다. 참된 능력은 노래가 아니라 가슴입니다.

## 2. 예배사역에서 소통 이해하기 (대상, 내용, 영역, 방법)

예배사역에서 소통(communication)을 이해하는 것이 중요한 이유는 예배가 하나님과 교제(소통)하는 자리이기 때문입니다. 예배사역에서 소통을 모른다면 하나님과 인격적인 교제를 가질 수 없고 생명의 관계를 누릴 수 없을 것입니다. 예배팀에서 소통은 팀을 하나로 묶는 팀워크라고 할 수 있습니다. 좋은 예배팀은 인도자와 한마음이 되어 예배흐름을 이해하고, 인도자가 커질 때 같이 커지고 작아질 때 같이 작아지면서 마치 인도자의 그림자와 같이 하나 되어 호흡하게 됩니다. 이런 좋은 팀워크를 만드는데 소통은 필수적인 요소입니다. 소통을 이해할 때 관계가 중요한데, 내가 소통하는 대상과 어떤 관계를 갖고 있는가에 대한 깊이와 친밀함이 소통의 질을 결정할 수 있기 때문입니다. 예배사역자는 소통의 의미와 중요성을 이해하고 소통에 능한 사람이 되어야 합니다.

### 예배사역에서 소통의 대상

예배에서 소통의 대상을 크게 세 영역으로 생각해 볼 수 있는데, 첫째는 성령하나님과의 소통, 둘째는 회중과의 소통, 셋째는 예배팀과의 소통이 있습니다.

### 1) 성령하나님과의 소통(영적인 민감함)

예배를 준비하거나 실제 예배에서 하나님께서 무엇을 원하시는

지를 어떻게 알 수 있을까요? 하나님의 마음을 알 수 있도록 영적인 감각을 훈련해야 합니다. 하나님은 지금도 말씀하시는 분입니다. 예배시간뿐 아니라 일상의 삶에서 하나님과 교제하며 하나님을 알아가고 영적인 친밀함을 누리며 영적인 민감성을 개발해야합니다.

2) 회중과의 소통(삶에서의 신뢰)

눈에 보여지는 사역의 영향력은 보이지 않는 곳에서 결정된다고 말합니다. 여기에서 보이지 않는 영역이란 삶을 말합니다. 삶의 자리에서 신앙의 본을 보이며 성도가 신뢰할 수 있는 관계를 맺어야 합니다. '교회사역의 영향력은 삶의 무게만큼이라고 정의할 수 있습니다.' 예배에서 회중과 소통의 질을 결정하는 것은 사역자의 삶으로부터 시작됩니다.

3) 예배팀과의 소통(마인드 공유)

예배사역은 팀 사역입니다. 아무리 뛰어난 예배인도자라 할지라도 혼자 모든 사역을 다 할 수 없을 것입니다. 좋은 예배 팀은 예배인도자와 연주자 싱어 및 모든 멤버가 각자의 역할을 이해하고 성령 안에서 하나가 되어야 합니다. 이를 위해서는 예배 팀에게 예배의 가치를 전달하고 같은 마인드를 공유하는 것이 중요합니다. 또한 사역 외의 자리에서 삶을 나누며 친밀한 관계를 만들어야 합니다.

## 예배팀 소통의 내용

예배인도자와 예배팀이 소통한다고 할 때 소통의 영역을 크게 예배적인 소통과 음악적인 소통 두 가지로 생각할 수 있는데 보통 교회에서 사역하고 있는 예배팀을 보면 예배적인 소통이 거의 없고 음악적인 소통만 해도 사역을 잘 하고 있다고 생각하고 있는 것을 볼 수 있습니다. 하지만 음악적인 소통보다 더 중요하고 선행되어야 할 것이 예배적인 소통입니다.

### 1) 예배적인 소통

예배인도자는 하나님과의 만남을 전제로 한 예배흐름을 콘티로 준비하는데, 이때 중요한 것은 예배팀 전체가 인도자가 준비한 콘티에 대한 의도를 파악하는 것입니다. 예배인도자는 팀원에게 콘티의 선곡 이유와 예배흐름을 설명하며 예배 전체에 대한 큰 그림을 보여 줄 수 있어야 합니다. 인도자가 왜 이 곡을 선곡했고 이런 흐름이 나왔는지 싱어와 연주자가 음악을 통해 예배의 언어를 구사할 수 있도록 영감을 불어넣고 동기부여를 하는 것입니다. 예배적인 소통은 음악을 예배의 언어로 만드는 기본이라 할 수 있는데, 음악이 이 사역의 본질인 예배를 섬기는 구조를 만들려면 반드시 예배적인 소통이 있어야 합니다. 예배가 단순히 노래하고 음악을 연주하는 수준에 머물지 않고 영적인 영향력이 흘러가는 통로가 되기 위해서는 예배적인 소통을 통해 음악을 예배에 적합한 언어로 만드는 작업이 반드시 이루어져야 하는 것입니다.

## 2) 음악적인 소통

예배인도자와 예배팀이 음악적인 소통을 할 때 구조적인 문제 하나를 생각해 보면 연주자는 음악을 전공한 전공자인 경우가 많은데 인도자는 음악 전공자가 아닌 경우가 많다는 것입니다. 인도자가 음악을 모른다면 팀에서 음악적인 면에 리더십을 발휘하며 권위를 가질 수 없을 것입니다. 저도 음악을 전공하지 않았기 때문에 사역초기에 많은 시행착오가 있었습니다. 음악적인 약점을 보완하기 위한 대안 하나를 나눈다면 팀에서 리더십을 발휘할 수 있는 연주자를 뮤직디렉터로 세워서 그에게 먼저 예배의 흐름을 설명하고 이렇게 예배를 도와줬으면 좋겠다고 소통하고 뮤직디렉터가 밴드와 소통하도록 하는 방법이 있습니다. 이와 함께 예배 팀과 좋은 소통을 할 수 있도록 계속해서 음악적인 표현이나 언어를 배우고 개발해야 합니다. 곡의 조(key)와 리듬, 빠르기, 전주, 세션, 엔딩, 곡의 루틴(곡의 구성, 순서)에 대해서 음악적인 소통을 할 수 있도록 준비하는 것입니다

## 예배팀 소통의 영역

### 1) 마음 (듣고자 하는 태도)

　예배를 인도하면서 때때로 정해진 순서에서 변화를 주어야 할 때가 있는데, 예배에서 변화를 준다고 가정할 때 반드시 선행되어야 하는 것이 예배팀과의 소통입니다. 이때 중요한 것은 팀 멤버들이 듣고자 하는 태도(관심)를 갖고 인도자를 신뢰함으로 따르는 것입니다. 예배인도자를 중심으로 예배에서 다양한 변화(키, 템포), 완급조절이 일어나기 때문에 팀원들은 변화가 일어날 수 있는 노래의 시작과 끝부분에 인도자에게 집중해야 합니다. 인도자는 멤버들과 소통할 때 항상 명확하고 자신 있게 멤버들이 이해할 수 있는 언어를 개발하여 소통해야 합니다.

### 2) 눈 (세팅 위치)

　예배팀 악기를 설치할 때 가능하다면 예배인도자와 밴드가 소통할 수 있도록 자리를 잡는 것이 좋습니다. 예배팀에서 약속한 내용 외에 변화를 가져가기 위해서는 밴드와 소통이 필요한데 메인 건반과 드럼 연주자는 반드시 시선을 확보해야 합니다. 예배의 시작과 엔딩, 예배 흐름에서 변화를 가져갈 때 건반과 드럼 연주자와의 소통이 중요하기 때문입니다.

### 3) 귀(모니터)

　장소가 구조적으로 시선을 확보하기 힘든 상황이라면 모니터를 적절히 활용하여 소통의 길을 만들어야 합니다. 모니터는 각자의 자리에서 자신의 소리뿐 아니라 기본적으로 예배인도자의 소리를 들을 수 있어야 하며 노래나 연주하는데 필요한 소리를 확보해야 합니다. 팀이 하나 되어 예배할 수 있도록 다른 멤버의 소리를 듣는 것이 중요한데 이때 서로를 배려한 소리의 균형을 잡는 것이 중요합니다.

연주자들이 예배인도자에게 원하는 것 몇 가지가 있습니다. 첫째는 확신입니다. 어디로 가야 하는지, 그리고 그곳에 어떻게 도달할지를 알고 있는 감각입니다. 둘째는 의사소통입니다. 예배인도자는 이것을 연주자와 싱어에게 분명하게 알려 주어야 합니다. 셋째는 격려입니다. 팀원들에게 예배인도자의 의견과 반응은 매우 중요합니다.

(매트 웍스 –예배자 핵심 파일에서 발췌/ 죠이선교회)

## 예배팀 소통의 방법

### 1) 수신호 소통의 예
– 음악의 조(key)를 올릴 때: 엄지를 올립니다.
– 음악을 멈출 때: 주먹을 쥡니다.
– 코드 신호: 손가락으로 약속한 신호를 보냅니다.
– 리듬을 풀 때: 손을 펴서 아래로 내립니다.

– 엔팅이나 리듬을 풀때 드럼과의 소통이 중요합니다.
– 연주만 할 때: 손을 돌려줍니다.


2) 약속된 인도자의 말이나 표현으로 하는 소통의 예
중요한 것은 팀 안에 서로 소통할 수 있는 언어(약속된 말, 동작)를
개발하는 것입니다.


악기 없이 노래만 할 때 : 목소리로
빠른 곡 : 모든 악기를 멈추고 드럼 리듬만 갖고 노래합니다.
느린 곡 : 모든 악기를 멈추고 목소리로만 노래합니다.


마무리, 변화에 대한 싸인 : 노래의 특정 부분을 약속으로 정합니다.
전조 부분에서 : 주께 예배함이 조를 올리는 부분에서 주께 찬양함이
　　　　　　　 가 나오면 조를 올립니다.
엔딩 부분에서 : 부흥이 있으리라 반복하다가 온 땅에 가 나오면
　　　　　　　 엔딩 합니다. 이 땅에 오직 주 밖에 엔딩하는 부분
　　　　　　　 에서 주님의 기쁨이 나오면 엔딩 합니다.


　　좋은 소통은 회중은 알지 못하지만 팀 안에 소통할 수 있는 언어
를 구사하는 것입니다.

좋은 예배자를
기대한다면
당신이 좋은
예배자가
되어야 합니다
좋은 예배자가
좋은 예배를
만들기 때문입니다

진정한
찬양은
하나님의 임재와
영광을 드러낸다
살아계신
하나님께서
찬양가운데
함께 하시기
때문이다

# 4장. 예배 콘티 작성의 실제

## 들어가는 글

예배 콘티를 짜는 것은 어떤 방법이나 공식이 아닌 하나님과의 교제를 이해하고 생명의 관계를 누리는 원리를 배우는 것입니다. 예배가 하나님과의 만남이기 때문입니다. 이것은 오랜 시간 하나님과의 교제를 통해 습득되는 영적인 감각입니다. 예배인도자는 하나님과의 생명의 관계 안에서 친밀하고 깊이 있는 예배의 언어를 개발해야 합니다.

# 1. 예배곡 선곡의 기초

예배 곡을 선곡할 때 가장 중요한 것은 대상을 이해하는 것입니다. 예배인도자(사역자)는 회중이 하나님께 나아가 하나님을 만나도록 돕는 섬김의 역할을 맡고 있습니다. 먼저 대상을 이해하고, 성도들이 어떤 곡을 알고 있고, 예배하기에 좋은 곡인지를 파악하고 있어야 합니다. 대상을 이해하는 것이 예배에서 곡 선곡과 악기 구성, 편곡, 복장 등을 결정하는 기초이며 시작입니다.

대상을 파악하고 회중들이 예배할 수 있는 곡을 선곡하십시오.

'은혜도 아는 곡에서 받는 다는 말'이 있습니다. 선곡할 때 가장 중요한 기준은 회중이 이미 알고 있고 함께 예배할 수 있는 곡을 선곡하는 것입니다.

"만일 기존의 전통적인 예배곡들을 전적으로 제외한다면 당신은 회중의 일부 또는 대부분을 잃을 수도 있는 모험을 하는 것이다. 예배에서 친숙함은 회중이 하나님을 만나는 데 필요하다 회중은 자신이 이미 알고 있고 부르기 쉬운 노래를 부를 수 있어야 한다."

(하나님을 갈망하는 예배인도자─앤디 팍/p216)

자신이 예배한 경험이 있고, 자신의 고백으로 소화되어 있는 곡을 선곡하십시오.

　예배인도자가 예배한 경험이 있는 곡을 선곡하는 것이 중요한데, 그 이유는 노래를 통해 자신이 예배에서 하나님을 만나고 경험한 깊이와 친밀함으로 회중을 인도하기 때문입니다. 가사묵상을 통해 노래가사를 자기 고백으로 만들고, 자신이 깊이 하나님을 만났던 곡을 선곡하는 것이 좋습니다.

"예배인도자는 자신의 믿음을 진정으로 표현할 수 있는 노래를 선택해야 한다. 다른 사람들을 인도하는 도구로 노래를 사용하기 전에, 먼저 그 노래를 통해서 예배인도자가 하나님을 만날 수 있어야 한다. 예배인도자가 개인적으로 예배 안으로 들어감으로 회중을 인도하게 되므로, 본인에게 의미 있는 곡들을 선택하는 것이 좋다."

(하나님을 갈망하는 예배인도자─앤디팍/p218,219)

예배팀의 구성과 연주자의 연주력을 고려해서 선곡하십시오.

교회에서 보통 예배음반이나 예배음원, 예배모임에서 은혜를 경험한 곡을 카피해서 쓰는 경우가 많은데 문제는 예배에서 들었던 원래의 느낌이 나오지 않는 것입니다. 이유는 밴드 구성이 다르기 때문입니다. 예를 들어 예배팀에 일렉트릭 기타가 없다면 요즘 빠르고 힘 있는 곡을 표현하기 어려울 것입니다. 또 하나 생각할 것은 연주자는 있는데 연주 실력이 부족한 경우입니다. 하고 싶은 것과 할 수 있는 것은 다른 것입니다. 연주자의 연주 실력이 안되는데 어려운 테크닉이 요구되는 곡을 선곡하면 연주 느낌이 나오지 않을 뿐 아니라 연주자가 연주에 대한 부담으로 예배하기 어려울 것입니다. 어렵고 수준 높은 곡을 부르는 것이 예배의 목적이 아닙니다. 가능하다면 예배에서 소외된 사람이 없이 연주자나 싱어가 자유롭게 예배할 수 있는 곡을 선곡하는 것이 좋습니다.

하나님께서 교회나 공동체에 주시는 메시지를 담은 곡을 선곡하십시오.

교회나 자신이 속한 공동체에 주신 그 해의 주제나 말씀, 목사님이 설교시간에 강조하는 주제에 귀 기울이십시오. 하나님의 마음을 담고 흘려보낼 수 있는 곡을 선곡할 때 목사님의 설교와 함께 시너지효과를 얻고, 공동체를 격려하며 하나 되고 하나님께서 일하시는 통로를 만들게 될 것입니다

## 2. 예배곡 선곡의 원리

사람과 사람이 만날 때 가장 먼저 일어나는 반응은 인사입니다. 인사는 인격적인 관계를 연결하는 다리와 같은 것입니다. 가볍게 손을 흔들거나 악수할 수도 있고 고개를 숙이거나 절을 해서 예를 표하는 방법, 친밀함의 표현으로 소리를 치거나 달려가서 하이파이브를 하고 안아주는 등 다양한 인사법이 있는데, 인사 방법은 대상을 어떻게 인식하고, 어떤 관계를 맺고 있는가에 의해서 결정됩니다. 예배도 마찬가지입니다. 예배는 하나님과의 교제로 하나님께 인사하는 것으로 시작된다고 할 수 있는데 내가 하나님을 어떻게 알고 있고 어떤 관계를 맺고 있는가에 의해서 인사법 즉 반응이 결정되는 것입니다. 콘티를 준비할 때 삶이 중요한 것은 내가 하나님과 어떤 관계를 맺고 있는가에 의해서 하나님께 나아갈 예배의 언어가 결정되기 때문입니다. 콘티를 준비한다는 것은 단순히 분위기에 맞는 노래 몇 곡을 선곡해서 부르는 것이 아니라 하나님과의 관계 안에서 친밀한 언어를 개발하고 찾아내는 것입니다.

" 예배인도란 찬양을 준비하는 것이 아니라 당신 자신을 준비하는 것이라는 사실을 기억해야 한다. 당신이 하나님과 함께 하는 은밀한 시간을 가질 때 그것은 가장 잘 이루어진다. 은밀한 곳에서 하나님께서 당신에게 말씀하신 것은 공적인 집회에서 반향되어질 것이다."

(온전한 예배/ 데이브 펠링험 p196)

하나님과의 교제의 의미로 곡을 배열합니다.

예배곡을 선곡할 때 가장 중요한 것은 곡의 내용적인 흐름입니다. 하나님과 교제의 의미로 곡을 선곡하고 흐름을 만듭니다. 예배에서 하나님과 어떻게 교제를 시작할 것인가를 결정하는 것이 선곡의 시작입니다. **"예배인도자가 예배에서 부를 노래를 선곡한다는 것은 사랑하는 대상과 교제를 나눌 때 적절한 언어를 찾아내는 것과 같다고 할 수 있습니다. 예배인도자는 하나님과의 교제에서 때에 맞는 적절한 언어를 구사할 수 있어야 합니다.(참된 예배자를 위한 예배묵상 p217 -박철순 저, 워십빌더스)"**

예배를 크게 찬양과 경배로 나누어 균형을 갖고 콘티를 짜십시오.

호산나뮤직의 예배앨범 시리즈는 하나의 예배를 음반에 담아 살아있는 예배를 삶에서 경험할 수 있도록 라이브형식으로 앨범을 제작했는데, 초기 앨범의 내용을 살펴보면 예배를 크게 찬양과 경배로 균형을 갖고 구성하고 있는 것을 볼 수 있습니다. 예배 전반부는 찬양으로, 하나님의 기사와 이적, 하나님께서 우리의 삶 가운데 행하신 일에 대한 높임으로 감사와 찬양의 노래가 담겨 있고, 후반부는 경배로, 하나님의 하나님 되심, 그분의 성품에 초점을 맞춘 고백으로 하나님과의 친밀한 교제와 그 안에서의 치유와 회복, 이에 대한 헌신과 세상을 향한 믿음의 선포를 담고 있는 것을 볼 수 있습니다. 이 내용을 교회에 적용한다면 예배에서 주어진 시간을 크게 찬양과 경배 두 부분으로 나누어서 전반부는 찬양에 관한 곡, 후반부는 경배에 관한 곡을 선곡하는 것입니다. 예를 들어 20분간 찬양을 인도하는데 4~5곡을 선곡한다면 앞의 2~3곡(10분)은 찬양에 관한 곡, 그리고 뒤의 2곡(10분)은 경배에 관한 곡을 선곡하는 것입니다.

## 3. 주제를 정하는 면에 대해서

주제를 정하여 콘티를 짜는 것이 예배인도자를 훈련하는 하나의 과정으로 유익할 수 있다고 생각합니다. 하지만 오랫동안 사역하면서 배운 것은 주제를 정하는 면이 오히려 예배를 제한할 수 있다는 것을 발견하게 되었습니다. 예배가 주제에 맞춰지다 보면, 선곡을 주제에 맞추어야 하기 때문에 선곡에 대한 폭이 좁아지고, 예배 안에 포함될 수 있는 풍성한 내용이 주제를 위한 예배, 즉 수단으로 전락할 수 있는 위험적인 요소가 있습니다. 이 부분에 대해 타미 워커가 사역하고 있는 크리스천 어셈블리교회의 인터뷰 내용을 함께 나누려 합니다.

˝필자: 예배를 드리기에 앞서 특별한 주제를 강조하는 것 대신에 예배를 드리는 동안 하나님께서 친히 그렇게 연결시켜 주시도록 하고 계시는군요.

마크: 그렇습니다. 저희들은 과거에 모든 음악을 설교와 일치시키려고 노력했습니다. 그러나 더 이상 그렇게 하지 않습니다. 오히려 타미(Tommy Walker/ 예배인도자)에게 이렇게 말합니다. "하나님으로 충만하여 하고자 하는 것을 다 하십시오." 제가 설교할 내용을 그와 함께 나누면, 그에 맞는 곡들이 있을 것입니다. 그러나 우리는 그다지 주제를 나타내려고 하

지 않습니다. 우리는 사람들로 하여금 하나님의 임재를 체험하도록 하는데, 그것은 삶을 변화시킬 수 있는 요소는 사람들이 하나님을 몸소 느끼는 것이기 때문입니다.

타미: 제가 하는 일은 모든 사람들을 하나님의 존전으로 인도하는 것에 집중되어 있습니다. 저는 곡과 연주는 단지 우리가 그곳에 이를 수 있도록 만드는 수단으로 간주합니다. 우리는 해야 할 것을 기획하고 세트 곡 내의 흐름을 조심스럽게 다듬고 즉, 빠른 곡 두 곡, 중간속도, 2–3개의 느린 곡으로 구성하지만, 세트 가운데서도 언제든지 변경할 수 있습니다. 짧게, 길게, 느리게 혹은 빠르게 하여 속도를 생각합니다. 만약 앞에 한 곡이 정말로(그들과) 잘 맞아지면 다시 반복하는 것을 주저하지 않습니다. 또한 하나님께로부터 오는 특별한 예언의 말씀을 들으려고 노력합니다.

"[크리스천 어셈블리 타미 워커, 마크 인터뷰/ 이것이 예배다 발췌]

예를 들어 주제를 갖고 콘티를 짠다고 하면 목회자와의 동역이 중요한데, 예배인도자가 주제에 맞는 예배를 준비할 수 있도록 미리 설교 본문과 주제를 주어야 하기 때문입니다. 현실은 결코 쉽지 않다고 할 수 있습니다. 저의 경우 예배 콘티를 짤 때는 주제가 주어져도 주제에 맞춘 콘티를 짜는 것이 아니라 예배흐름에서 주제와 관련된 내용을 강조하는 정도로 콘티를 준비하고 있습니다. 위에 언급한 주제에 메이지 않고 예배를 인도하기 위해서는 오랜 경험과 훈련이 선행되어야 합니다. 성령의 음성에 민감하게 반응하며 자유롭게 예배를 인도하기 위해서는 목회자와의 동역이 중요하고, 예배팀이 변화되는 상황에 대처할 수 있도록 준비되어 있어야 합니다.

# 4. 자연스러운 예배흐름 만들기

예배가 물 흐르듯 자연스럽게 연결되고 흘러간다는 것은 내용적인 면과 음악적인 면이 잘 구성되어 있다는 것을 의미합니다. 내용적으로는 하나님과 교제를 나눈다는 느낌으로 곡을 선곡하되 곡과 곡이 연결될 때 개연성을 갖고 목적지를 향해 나아갈 수 있도록 발전시키는 것이 중요합니다. 음악적인 면은 노래의 조(key)와 리듬 빠르기가 맞아야 합니다.

예배에서 자연스러운 흐름(연결)을 만드는 것이 중요한 이유는 예배가 하나님과의 교제이며, 노래가 끝났다고 예배가 끝나는 것이 아니기 때문입니다. 찬양(음악)이 예배에서 끼치는 역할 중 가장 중요한 것은 정서적인 면을 만지는 것인데, 예배 곡을 진행할 때 흐름이 끊기지 않고 점진적으로 발전시키기 위해서는 좋은 예배 세트를 만드는 것이 중요합니다.

요즘 젊은 예배사역자를 보면서 우려되는 것 중 하나는 예배흐름에서 곡과 곡이 연결될 때 왜 이 곡과 이 곡이 이렇게 연결되어야 하는지 개연성이 떨어진다는 것입니다. 이는 한 마디로 예배 (하나님과의 교제)를 모르기 때문에 이런 선곡이 나오는 것입니다.

" 예배는 하나님과의 대화다. 생각과 대화의 흐름이 한 주제에서 갑자기 다른 주제로 옮겨가기보다 자연스럽게 진행되는 것이 바람직하다."

**(앤디 팍-하나님을 갈망하는 예배인도자 발췌)**

## 내용적인 연속성

  보통 내용적으로 개연성이 있는 두 개 이상의 곡을 연결해서 부르는 것이 좋습니다. 같은 내용의 곡을 연결하는 것은 예배에서 시너지를 만들며 정서적, 영적으로 영향을 주게 됩니다.

예) 예수 피를 힙 입어(E key) – 예배합니다(E key)
    다 와서 찬양해(G key) – 기뻐하며 왕께(G key)

음악적인 연속성의 요소: 조(Key), 리듬(rhythm), 빠르기(Tempo)

  같은 조와 같은 리듬, 빠르기가 맞을 때 음악적인 면에서 곡과 곡을 자연스럽게 연결시키며 찬양의 아름다움과 능력을 고양하게 됩니다.

예) 손을 높이 들고(E key) – 해뜨는 데부터(E key)
    내 영이(E key) – 찬송하라 (E key)

    나는 믿네/ 내게 허락하신 시련을 통해(A key)
    전능하신 나의 주 하나님은(A key)

곡을 연결하는 것이 목적이 아닙니다.

모든 곡을 연결할 필요는 없고, 무조건 곡을 연결하는 것이 목적이 되어서는 안 됩니다. 곡의 연결이 어울리지 않고 설득력이 없는데 연결하려 한다면 그것은 무의미한 일이 되고 말 것입니다.

도움 글

노래가사 묵상을 하면서 앞뒤로 연결되는 곡을 찾아보십시오. 내용적으로, 음악적으로 자연스럽게 연결되는 곡의 연결은 예배에서 다양한 길을 만들 수 있습니다.

# 5. 예배에서의 다양한 변화

예배에서 조(key), 리듬, 템포, 가사 등의 변화가 있을 수 있는데 이때 중요한 것은 변화의 이유가 음악에 대한 아이디어가 아니라 예배가 되어야 한다는 것입니다.

## 조(Key)의 변화

예배흐름에서 곡과 곡을 연결하는데 개연성이 있는 좋은 선곡을 해도 음악적으로 조(key)가 맞지 않는다면 자연스러운 예배흐름을 만들 수 없을 것입니다. 곡의 연결에서 조(key)가 맞지 않는데 그 곡을 사용해야 한다면 음악적인 도움을 받아 편곡을 하든지, 기도시간이나 멘트를 삽입해서 자연스럽게 조를 전조해야 합니다. 코드변화는 주로 상향(Up)이 많은데 하향(Down)으로 진행될 수도 있습니다. 조(key)를 전조할 때 주의해야 하는 것은 노래의 가장 높은음과 낮은음을 파악하는 것입니다.

예배에서 조(key)에 변화를 줌으로 얻는 몇 가지 유익이 있습니다. 예배에서는 주로 상향(key Up)을 많이 하는데, 조(key)를 올림으로 그 곡의 고백을 강화시킬 수 있고, 조(key)가 다른 다음 곡과 자연스럽게 연결하는 데 도움을 줄 수도 있습니다. 이를 위해서 연주자는 예배에서 사용하는 곡을 높이거나 내려서 연주할 수 있도록 다양한 조(key)의 변화에 대해 준비되어 있어야 합니다.

예) 상향

예수 가장 귀한 그 이름(C key → D key → E key)

크신 주께 영광 돌리세(E key → F key → G key)

내 평생에 가는 길(A key → C key)/ 예배인도자 컨퍼런스 2004

하향

지성소(C key → A key)/ 회중을 고려한 key의 변화/ 어노인팅 1집

## 도움 글

예배에서는 조(key)를 전조할 때 주로 상향으로 진행되는데, 하향으로 진행하는 것이 유익한 몇 가지 경우에 대해 생각해 보겠습니다. 시중에 나와 있는 악보가 거의 남자 음역으로 맞추어져 있기 때문에 자매가 예배를 인도할 때는 조(key)를 자매 음역에 맞추어 한음반 정도를 낮추면 편하게 노래할 수 있습니다. 또 하나 새벽예배를 인도 할 때 아침에 아직 목이 풀리지 않은 상황이기 때문에 조를 한음이나 두음 낮추어서 부르면 회중들이 목에 부담 없이 노래하는 데 도움을 줄 수 있습니다.

## 리듬에 대한 변화
(비트, 리듬패턴에 따라 곡의 느낌이 달라집니다.)

밴드 음악에 생명을 불어넣는데 가장 중요한 것은 리듬을 이해하는 것입니다. 그 곡의 리듬을 파악하고, 앞의 곡과 뒤의 곡의 리듬이 자연스럽게 연결되는 지를 확인해야 합니다.

예) 주의 친절한 팔에 안기세(8비트, 16비트, 셔플)

　일어나라 찬양을 드리라 → 기뻐하며 왕께

　일어나라 찬양을 드리라 → 주의 이름 높이며

## 빠르기에 대한 변화

　예배에서 빠르기는 주로 빠른 템포로 진행되다가 곡을 마무리
하면서 느린 템포로 연결되는 경우가 많은데, 때로는 예배 흐름이
나 편곡에서 곡을 느리게 시작하다가 빠른 템포로 연결할 수도 있
습니다. 예배에서 템포에 변화를 줌으로 얻는 몇 가지 유익이 있
습니다. 빠른 곡을 마무리 하면서 느리게 부르는 것은 노래 가사
의 의미를 되새김질하며 더 깊이 묵상하는 데 도움을 줄 수 있고
느린 템포로 부르면서 느린 다음 곡과 자연스럽게 곡을 연결할 수
도 있습니다.

예) 빠른 곡에서 느린 곡으로:

　찬양하세(A key) → 예수 우리 왕이여(A key)

　느린 느낌에서 빠른 느낌으로:

　일어나라 주의 백성(G key)

## 가사 대치

예배를 인도하다 보면 하나님이 영감을 주셔서 그 상황에 적합한 실제적인 고백을 드리고 싶을 때가 있습니다. 이때 노래의 가사 내용이 흐름에서 적합한지를 잘 판단해서 사용해야 하는데 이런 변화는 즉흥적이라기보다 개인예배를 통해 누리고 검증된 것을 공예배에서 사용하는 것이 좋습니다.

예) 찬양하라 내 영혼아 → 감사하라, 기뻐하라

# 6. 예배콘티 작성의 예

박철순의 예배소스 1집은 예배인도자가 예배 콘티를 짤 때 기본적으로 이해하고 있어야 할 실제적인 사역의 원리를 나누기 위해 준비한 앨범입니다. 두 개의 예배모델이 이 앨범에 담겨있는데 그중 예배1의 내용으로 예배 콘티 작성의 실제를 함께 나누겠습니다.

[예배 1]

- 예배의 문을 열며... 하나님의 은혜
1. 은혜 찬양(G key), 2. 나 같은 죄인 살리신(G key), 3. 찬양하라 내 영혼아(G key)

- 찬양... 감사와 기쁨으로 하나님께 나아감
4. 다 와서 찬양해(G key), 5. 찬양하세(G key→A key)

- 경배... 왕 되신 주님을 경배함
6. 예수 우리 왕이여(A key)

## 예배의 문을 열며

첫 번째 예배 세트(은혜찬양, 나 같은 죄인 살리신, 찬양하라 내 영혼아)는 '은혜 찬양'이 중심이 되어 하나의 예배흐름을 만들고 있습니다. '은혜 찬양'의 가사를 묵상하면서 곡의 핵심 메시지를 찾는다면 '은혜'를 생각할 수 있습니다. '은혜'에 대한 단어의 의미를 연구하고 묵상하면서 하나님의 은혜에 대한 의미를 담고 있는 곡을 찾습니다. 이때 생각난 곡이 찬송가 중 '나 같은 죄인 살리신(Amazing Grace)'입니다.

'은혜 찬양'과 '나 같은 죄인 살리신'을 연결할 때 해결해야 할 문제는 '나 같은 죄인 살리신'으로 연결할 때 곡이 다운되는 느낌이 들고, 4/4에서 3/4박자로 리듬이 바뀌기 때문에 연결이 자연스럽지 않다는 점을 얘기할 수 있습니다. 내용적인 연결은 좋지만 예배적인 느낌과 음악적인 면이 자연스럽지 않아서 이 앨범에는 '나 같은 죄인 살리신'의 원래가사에 곡을 붙여서 4/4박자로 연결하고 있습니다.

이어서 연결되는 곡 '찬양하라 내 영혼아'는 나 같은 죄인을 살리시고 생명을 주신 주님께 찬양할 것을 명령하는 곡입니다. 이 곡을 부를 때 우리가 기억해야 할 것은 이 노래의 고백이 자신을 향하고 있다는 것입니다. '찬양하라 네 영혼아'가 아니라 '찬양하라 내 영혼아'라고 명령하고 있습니다. 하나님께서 베푸신 사랑과 은혜가 얼마나 크고 놀라운지를 안다면 우리는 하나님께 합당한 찬양을 드려야 할 것입니다.

첫 번째 예배 세트는 예배의 시작으로 하나님이 어떤 분이시고, 우리 삶에 어떤 일을 행하셨는지를 생각하며, 찬양받기에 합당한 하나님께 초점을 맞추고 있습니다.

예를 들어 이렇게 예배를 시작할 수 있습니다. 건강한 그리스도 인의 증거를 찾는다면 그것은 우리 안에 감사가 있다는 것입니다. 여러분의 마음을 한번 들여다 보십시오. 감사가 있습니까? 여러 분 안에 감사가 없다면 그 이유는 하나님의 '은혜'를 잊고 있기 때문입니다. '은혜'의 의미를 간단하게 살펴보면 '받을 자격 이 없는 자에게 값없이 주시는 하나님의 선물'이라고 할 수 있습 니다. 오늘 여러분과 나눌 노래의 고백에 이런 내용이 있습니다. '내가 가진 것들 중에 받지 않은 것 하나도 없으니' 여러분 이 고백에 동의하십니까? 우리가 감사하지 않는 이유는 내가 잘나고 힘이 있어서 내 능력으로 살고 있다고 생각하기 때문입니다. 하지 만 지나온 날들을 돌아보면 정말 중요한 것일수록 내가 애써서 얻 은 것이 아니라 모든 것이 하나님의 은혜로 주어진 것임을 고백하 지 않을 수 없습니다. 특히 제가 이 노래에서 은혜가 되었던 가사 는 '이 은혜를 깨달음도 모두 주님께 있으니'라는 내용입니다. 은혜를 깨닫는 것이 하나님의 은혜라는 것입니다.

우리 중 누구도 부인할 수 없는 하나님의 은혜는 영원히 죽어야 할 죄인을 구원하신 하나님의 사랑이라고 생각합니다. 독생자를 주시기까지 우리를 사랑하신 하나님의 크신 은혜로 우리가 구원

받은 것입니다. 이 사실을 믿는다면 우리는 찬양하지 않을 수 없습니다. 찬양하라 내 영혼아, 감사하라 내 영혼아, 기뻐하라 내 영혼아... 라고 우리의 영혼을 향해 선포하는 것입니다.

> "온 땅이여 여호와께 즐거운 찬송을 부를지어다
> 기쁨으로 여호와를 섬기며 노래하면서 그의 앞에 나아갈지어다"
> (시100:1,2)

## 찬 양

두번째 예배세트(다 와서 찬양해, 찬양하세, 예수 우리 왕이여)는 '찬양하라 내 영혼아'의 개인적인 고백을 공동체로 확대하여 회중을 초대하는 형식의 고백을 담고 있습니다. 우리에게 생명을 주신 주님을 기쁨으로 찬양하는 내용입니다. 이 두 곡은 가사의 고백과 음악적인 면(리듬과 템포)이 잘 어울리는 곡인데, 이 흐름에서 한 가지 해결해야 할 문제는 음악적인 면에서 노래의 조(Key)가 다른 것인데, 두 곡을 자연스럽게 연결하기 위해서는 전조를 해야 합니다. 앨범에서는 G key로 '다 와서 찬양해'를 시작해서, '찬양하세'를 같은 key로 연결하고, '찬양하세' 후렴(코러스)으로 넘어가기 전에 G key를 A key로 올리면서 자연스럽게 예배 느낌을 상승시키는 것을 볼 수 있습니다. 가사 내용은 우리에게 생명을 주신 왕 되신 주님을 기쁨으로 찬양하는 고백으로 회중을 예배 가운데 초청하는 형식의 선동적이고 힘 있는 내용을 담고 있습니다.

## 도움 글

참고로 Key를 올리는 간단한 방법은 바뀌는 key의 5도(G key 에서 A key로 key를 올린다면, 5도 코드는 E key가 됩니다.) 를 잡으면 바뀌는 key의 음을 자연스럽게 잡을 수 있게 됩니다.

앨범에서 '찬양하라 내 영혼아'에 이어서 '다 와서 찬양해' 를 드럼 전주로 힘 있게 시작하고 있는데, 참고로 '다 와서 찬양 해(G key)'의 전주(intro) 코드는 네개(Gkey - Fkey - Ckey - Gkey)로 구성되어 있습니다. 이때 중요한 것은 앞에서 고백한 예 배의 느낌을 갖고 다음 흐름을 연결하는 것입니다. 우리가 하나님 을 기쁨으로 찬양해야 할 이유를 갖고 찬양의 자리로 나아가는 것 입니다.

다 와서 찬양해(Come On and Celebrate), 찬양하세(Come Let Us Sing) 두 곡의 공통점은 제목(영어)에서 보여 주는 것과 같 이 회중들을 초대하며 함께 하나님을 찬양하자는 내용을 담고 있 습니다. 노래의 내용을 올바로 이해했다면, 예배에서 이 곡을 부 를 때 회중들에게 함께 하나님을 찬양하자고 부르는(Calling) 느 낌으로 고백하는 것이 좋습니다.

예배에서 노래의 고백이 어디를 향하고 있는지를 아는 것은 대단히 중요합니다. 하나님을 향하고 있는 곡인지(예수 우리 왕이여, 주님 큰 영광 받으소서) 아니면 다른 지체를 향하고 있는 곡인지(하나님은 너를 지키시는 자, 축복의 통로, 주만 바라볼찌라), 개인적인 고백인지(온 맘 다해, 예배합니다), 예를 들어 '평안을 너에게' '나의 안에 거하라'는 하나님께서 우리에게 말씀하시는 형식으로 구성되어 있습니다.

## 경배

'찬양하세'의 후렴을 느린 템포로 마무리하면서 '예수 우리 왕이여'로 연결하는 부분은 내용적으로 자연스럽게 예배를 연결시키면서 시너지를 만드는 좋은 흐름이라고 할 수 있습니다.

'찬양하세'의 후렴을 느린 템포로 한 번 더 부르면서 마무리하는 부분은 가사의 의미를 되새기며, 다음에 연결되는 '예수 우리 왕이여'로 자연스럽게 연결하기 위한 준비과정이라고 할 수 있습니다. 이때 중요한 것은 다음에 나오는 곡과 연결하기에 가장 좋은 느낌과 템포로 맞추는 것입니다.

'찬양하세'와 '예수 우리 왕이여'의 엔딩에서 음악적인 공통점은, 예를 들어 A key곡으로 엔딩을 할 때 코드를 1도(A key)-4도

(D key)로 반복하고 있는 것을 볼 수 있습니다. 이때 인도자와 싱어는 하나님께 기도와 고백, 때로는 선포적인 외침으로 나아갈 수도 있습니다. 이 부분에서 즉흥적인 노래나 고백이 나올 수 있는데, 이는 특별한 것이 아닙니다. 기본적인 것은 코드의 화음을 타면서 앞에서 부른 노래의 연장으로서 고백이나, 노래에서 다 담아낼 수 없는 자신만의 고백을 마음을 담아 표현하는 것입니다. '사랑하면 시인이 된다'는 말이 있습니다. 사랑하는 하나님께 나아갈 때 우리의 고백은 옛 고백에 머물 수 없습니다. 새로운 고백과 노래로 하나님을 향한 사랑을 표현하는 것입니다. 예배에서 정말 중요한 부분은 노래를 마무리(Ending)하는 지점인데, 노래가 끝난다고 예배가 끝나는 것이 아니기 때문입니다. 우리의 고백과 노래가 진정성을 갖고 있다면 노래가 끝나는 지점에서 진짜 예배가 일어나야 할 것입니다.

'찬양하세'를 빠른 템포에서 마무리할 때 중요한 것은 엔딩의 길이를 말할 수 있습니다. 예를 들어 비행기가 땅에 착륙할 때 길이를 결정하는 요소는 비행기의 속력을 얘기할 수 있습니다. 비행기가 어느 속도로 내려왔는가 하는 것이 착륙의 길이를 만들어 낸다는 것입니다. 마찬가지로 예배에서 엔딩은 예배적인 느낌이 어느 정도 쌓여 있었는가 하는 것이 엔딩의 길이를 만든다고 할 수 있습니다. 예배적인 느낌이 강렬했다면 그만큼 엔딩의 길이가 만들어져야만 회중들이 정서적으로 자연스러운 느낌을 갖게 되는 것입니다.

'찬양하세'를 빠른 템포로 마무리하고 느린 템포로 자연스럽게 인도자가 인도할 때 예배팀에서 건반 연주자의 역할이 중요한데 이때 기본은 건반 연주자가 음악적으로 인도하려 하지 말고 인도자의 느낌을 존중하고 따라가는 것입니다. 이 부분을 즉흥적이고 자유롭게 풀어주면서 인도자가 편하게 인도할 수 있도록 맞춰 주는 것입니다.

하나님을
찬양하는것은
하나님께서
나를지으신

목적에
가장합당한

삶을사는것이다

# 5장. 예배인도의 실제

## 들어가는 글

예배인도자는 모든 팀원들에게 그날 예배의 주제와 곡의 순서를 알려 주고, 예배 전체흐름(언제 멘트가 들어가고, 어느 흐름에서 어떤 기도를 하는지, 예배에 대해 충분히 상상하고, 다양한 상황에서 어떻게 대처해야 하는지)에 대해 설명하고, 음악으로 어떻게 예배를 도와야 하는지 각자가 맡은 역할을 나눕니다. 예배인도자는 설명만으로 예배 전체 흐름을 이해하고, 하나의 그림을 볼 수 있도록 충분히 나눠야 합니다.

# 1. 연습모임

준비한 예배 곡 순서로 팀원들과 함께 연습하는 시간을 갖습니다. 전체 예배흐름에 대한 이해를 가지고 곡의 시작과 곡의 연결, 마무리를 어떻게 할 것인지 편곡작업을 통해 음악으로 예배에 적합한 언어를 만드는 것입니다. 이 시간은 단순한 음악적인 작업을 하는 시간이 아니라 준비한 순서로 실제 예배하면서 생각지 못했던 문제나 잘못된 점을 찾기 위해 연습시간을 갖는 것입니다. 팀원과의 연습을 통해 예배인도자의 상상 속에 그려져 있던 예배가 실제 상황에서 어떻게 실현되어야 할지를 충분히 검증하고, 자연스럽지 못한 부분에 대해서 유연하게 대처할 수 있도록 준비해야 합니다. 연습시간을 효과적으로 갖기 위해  서는 팀 멤버들이 소화할 수 있는 분량을 정하고, 팀의 수준에 맞는 현실 가능한 선을 찾아야 하며, 어려운 곡은 악보나 데모음반을 듣고 미리 준비(개인연습)해 올 수 있도록 시간을 주는 것이 좋습니다.

# 2. 좋은 예배곡 편곡이란?

### 예배에 적합한가?

교회의 전통과 회중의 수준을 고려한 음악과 스타일을 찾아야 합니다. 연주자가 소화할 수 있고 회중이 자연스럽게 받아들일 수 있는 수준으로 예배곡을 편곡합니다.

회중과 소통할 수 있는가?

예배는 콘서트가 아닙니다. 예배의 생명은 회중과의 소통할 수 있는가에 있습니다. 끊임없이 대상을 이해하고, 눈높이를 맞추어야 합니다. 회중을 배려하고 섬기기 위한 편곡수위를 찾아야 합니다.

곡 해석의 이유가 무엇인가? 예배에서 이유를 찾으십시오.

곡 해석은 예배인도자로부터 시작되는 것이 이상적이라고 할 수 있습니다. 예배인도자는 자신이 선곡하고 준비한 예배 순서를 통해 예배의 그림을 설명하고 보여 줄 수 있어야 합니다. 예배 팀 멤버들에게 예배의 영감을 불어넣을 수 있어야 합니다.

편곡의 시작은 곡의 메시지입니다.

예배곡 편곡에서 먼저 생각해 봐야 할 것은 무엇으로 예배할 것인가 하는 것입니다. 기억해야 할 것은 편곡의 시작이 음악이 아니라 메시지라는 점입니다. 예배곡 편곡에서 노래의 가사(메시지) 묵상은 필수입니다.

예배인도자는 연주자와 싱어들의 수준을 파악하고 있어야 합니다.

연주자가 연주할 수 있는 수준으로 준비될 때 연주자가 예배할 수 있습니다. 예배팀과 대화를 통해 연주자, 싱어의 수준을 파악해야 합니다. 하고 싶은 것과 할 수 있는 것은 다른 것입니다.

예배에서의 편곡은 예배 전체를 보면서 그림을 그릴 수 있어야 합니다. 한 곡, 한 곡을 편곡하는 것을 뛰어넘어 예배 전체 흐름을 자연스럽게 만들어서 회중이 자연스럽게 예배에서 반응할 수 있도록 도와야 합니다.


# 3. 예배곡 편곡의 실제

## 루틴 구성

전체 편곡의 구성을 보여 주는 도표를 루틴(routine)이라고 합니다. 키, 템포, 곡의 스타일(장르, 리듬 패턴 등)을 정합니다. 악기 편성을 합니다. 전주(intro), 반복, 솔로, 조바꿈, 간주, 엔딩 등 전체 구성을 정합니다.

예) 온 맘 다해(어노인팅 5집) – F key, 4/4박자
    전주(4마디–피아노) – A1(여성 solo) – A1(풀 밴드) – B
    A2 – B – B(G key↑) – B 엔딩(4마디–여성solo, 피아노)

악보에 리허설 레터를 표기해 주면 보다 쉽게 루틴을 따라갈 수 있습니다.

## 리듬 섹션

우선 기본적인 리듬패턴을 정합니다. 특히 베이스와 드럼의 조화로운 앙상블이 리듬섹션에서 가장 중요합니다. 필요에 따라 곡 중간 중간에 섹션을 첨가합니다. 멈춤, 악센트, 당김음(싱코페이션), 전체악기의 동일 선율 등을 이용해 변화를 줄 수 있습니다.

예) 부흥이 있으리라(어노인팅 1집)
   새 노래로 주 찬양해(어노인팅 5집)

## 코드

기존의 악보에 있는 코드로 할 것인지 변화를 줄 것인지 정합니다. 각각의 화성악기(건반, 기타, 베이스)들은 연주하면서 서로의 보이싱을 들어보고 부딪치는 화성이 없는지 점검합니다.

## 전주 (intro)

예배의 전체적인 흐름과 곡 분위기에 맞는 전주를 만드는 것이 중요합니다. 싱어와 회중에게 곡을 잘 소개하고 영감(이미지)을 불어넣을 수 있어야 합니다. 어떤 악기 편성으로 갈지를 정합니다. 곡을 예비하는 느낌을 가장 잘 나타내는 악기로 배치하는 것이 좋습니다.

## 건반 전주 패턴
예) 사랑하는 나의 아버지(Bob Fitts 라이브 워십)

드럼 전주 패턴
예) 다 와서 찬양해(예배소스 1집), 주님 한 분 만으로(어노인팅 1집)

일렉기타 전주 패턴
예) 이 날은 주가 지으신(어노인팅 2집),
　　주님의 임재 앞에서(예배소스 1집)

어쿠스틱 기타 전주 패턴
예) 오직 주의 사랑에 매여(컨퍼런스 2007)

풀 밴드 전주 패턴
예) 호산나(예배소스 1집)


여러 가지 전주 패턴

후렴 코드 패턴
예) 전능하신 나의 주 하나님은(컨퍼런스 2004)

일정한 코드 패턴의 반복
예) 예수 하나님의 공의(컨퍼런스 2005)

Verse 코드 패턴
예) 주께 가까이(어노인팅 5집)

새로운 테마 (연주적인 전주)
예) 지성소(어노인팅 1집)

## 마무리(Ending)

프로와 아마추어의 차이는 엔딩의 차이라 할 수 있습니다. 프로가 안정적으로 엔딩을 하는 것에 비해 아마추어는 잘 하다가도 엔딩에서 한순간에 무너지는 것을 종종 보게 됩니다. 특히 예배에서 엔딩은 곡을 잘 마무리할 뿐 아니라 다음 흐름을 준비하며 연결하는 과정 가운데 있기 때문에 노래 한 곡이 아니라 예배의 전체적인 흐름을 보면서 이에 합당한 접근이 이루어져야 합니다. 그렇기 때문에 곡이 끝날 때 인도자의 예배흐름을 읽는 것과 회중의 반응을 이해하고 함께 호흡하는 것이 중요합니다.

### 예배 엔딩에서 유의할 점

예배의 온도를 유지하는 것이 중요합니다.

예배에서 엔딩은 노래 한 곡이 아니라 예배흐름을 이해하는 것이 중요합니다. 엔딩곡을 안정되게 마무리하면서 이어지는 곡과 다음 흐름을 준비해야 하는데 예배가 연속성을 갖고 점진적으로 발전할 수 있도록 앞의 곡에서 만들어진 예배열정이 노래가 끝나면서 식어지지 않도록 예배의 온도를 유지해야 합니다.

## 비행기 착륙의 원리

비행기가 지상에 착륙한다고 할 때 착륙의 길이를 결정하는 것은 비행기의 속력이라할 수 있습니다. 빠른 속도로 착륙한다면 착륙의 길이가 길어질 것이고 느린 속도로 착륙한다면 길이가 짧아지는 것입니다. 마찬가지로 예배에서 엔딩의 길이는 예배적인 느낌에 의해 결정됩니다. 엔딩 할 때 예배적인 느낌이 강했다면 엔딩의 길이가 길어져야하고 예배느낌이 강하지 않았다면 길이가 짧아지는 것과 같은 원리입니다. 예배에서 엔딩의 길이가 중요한 것은 예배의 느낌만큼 엔딩의 길이가 만들어질 때예배 흐름이 안정적으로 연결되고, 회중이 정서적으로 자연스러운 느낌을 갖게 되기 때문입니다.

빠른 곡은 리듬섹션을 만들어 마무리 할 수도 있고, 코드편곡을 통하여 노래와 맞물려 강하게 밀어줄 수도 있습니다. 엔딩과 함께 빠른 곡에서 느린 곡으로 전환되는 경우는 강하게 끝난 후 건반이 남아서 느린 곡으로 자연스럽게 넘어가도록 만들어 줍니다.

예) 찬양하세(예배소스 1집), 주님은 아시네(예배소스 1집)
　　사랑하는 나의 아버지, 예수는 왕 예수는 주

경배곡에서는 보통 즉흥찬양(Spontaneous)으로 이어지는경우가 많기 때문에 일정한 코드패턴을 정한 후 반복하여 연주합니다.

예) 예수 우리 왕이여(예배소스 1집), 경배하리 주 하나님

I-IV(C-F), I-Isus4(C-Csus4), I-VI-II-V(C-Am-Dm-G)

필요에 따라 긴 후주(Outro)를 넣어야 하는 경우도 있습니다.

예) 내 평생에 가는 길(2004 컨퍼런스)

## 마무리에 대한 다양한 예

곡이 가지고 있는 분위기나 예배의 흐름 중 곡의 위치에 따라 엔딩의 느낌이 달라질 수 있습니다.

## 다이나믹스(Dynamics)
연주의 강약과 고저를 의미합니다

예배 전체 흐름을 파악하는 것이 중요합니다. 도입부분에서는 어떻게 시작할 것인가, 어떤 부분에서 상승하고 절정으로 갈 것인가, 반복할 때 어떻게 변화를 줄 것인가, 언제 전조를 통한 상승효과를 줄 것인가, 어떤 부분에서 사운드를 정리하고 풀 것인가에 대한 그림을 인도자의 리딩으로 밴드가 함께 만들어 갑니다. 이때 주의할 점은 전체 느낌이 산 정상을 향해 올라가듯 점진적으로 나아가야 한다는 것입니다.

예) 나를 향한 주의 사랑, 내 평생에 가는 길(2004 컨퍼런스)

예배에서 상승효과를 일으키며 느낌을 쌓아갈 때 이를 주도하는 요소들이 있는데 노래는 인도자, 밴드는 드럼이 그 역할을 감당합니다.

새로운 스타일의 적용

찬송가에 새로운 리듬과 코드를 적용한 경우입니다.
예) 성도여 다 함께(2003 컨퍼런스, 7집 어노인팅)

예배는
설교를 듣는
시간이 아닙니다
하나님을
만나는 시간
입니다

# 4. 예배를 위해 기도하십시오

예배사역의 시작과 끝은 기도하는 것입니다. 예배사역의 모든 영역에서 기도로 시작하고 기도로 마무리하십시오. 모든 연습을 마친 후 예배를 위해 기도해야 합니다. 최선을 다해 예배를 준비 했지만 하나님께서 함께하지 않는다면 그 예배의 가능성은 하나님에게서 떠나게 되는 것입니다. 기도는 예배 가운데 하나님께서 일하시도록 가능성의 문을 여는 믿음의 행위입니다. 우리가 준비한 것이나 경험, 실력으로 사역하는 것이 아니라 우리가 준비한 최선에 하나님이 기름부으시고 친히 개입하시도록 다시 하나님께 올려 드리는 것입니다.

> "최선을 다해 예배를 준비하는 것은 중요하지만 더 중요한 것은
> 우리가 준비한 순서에 하나님을 제한하지 않는 것입니다."

예배의 최종 주권이 하나님께 있다는 것을 기억하십시오. 예배 사역은 나의 능력으로 사역하는 자리가 아니라 능력의 하나님께서 나를 통해 일하시도록 그분의 통로가 되는 것입니다. 하나님께 우리의 계획을 맡길 때 하나님은 우리의 생각보다 더 놀라운 방법으로 우리를 인도하시고 일하실 것입니다.

> "준비는 하나님이 도와 주시지 않을 것처럼 철저히 하라
> 그러나 실제 예배때에는
> 아무 준비된 것이 없는 것처럼 하나님만 의지하라"

# 부 록

하나님의 부르심
성공적인 교회사역을 위한 세 가지 요소
교회사역, 먼저 성도가 되라
건강한 예배사역을 위해(가르침, 배움)
건강한 예배(찬양)팀을 세우기 위한 제안
교회 예배팀 모집의 자격요건에 대해서...
예배사역의 훈련과 단계, 과정 안내
예배인도자를 양육하는 방법
참된 영성이란... 단순함, 민감함
삶의 우선순위
예배에서 싱어의 역할
예배에서 건반(Piano)의 역할과 중요성
예배에서 전주(intro)에 대해서
예배팀 가이드라인
예배인도자가 음향 엔지니어에게 해 주고 싶은 조언
예배인도자가 PPT 담당자에게 해 주고 싶은 조언
예배인도자가 드럼 연주자에게 해 주고 싶은 조언
예배인도자를 돕기 위한 코드별 곡 모음
예배세트(좋은예배흐름)모음
당신이 예배인도자라면..

# 하나님의 부르심

강하기 때문에 섬기는 것이 아니라 섬기면서 강해진다.

마이클 W. 스미스 (Michael W. Smith)

이 말을 다시 해석해 본다면 '자격이 있기 때문에 사역하는 것이 아니라 하나님의 부르심에 순종할 때 사역할 자격(지혜, 힘)을 주신다.'라고 할 수 있습니다. 부르심에 대해 우리가 오해하고 있는 것 중 하나는 하나님의 부르심을 내 기준으로 예(Yes)와 아니오(No)를 판단하는 것입니다. 하나님이 부르신 일을 내가 할 수 있다고 생각하면 순종하고, 할 수 없다고 생각하면 순종하지 않는 것입니다. 하나님의 부르심은 내 능력으로 판단 할 수 있는 영역이 아닙니다.

> "사역이란 내 일이 아니라 하나님의 일이며
> 내가 하고 싶은 일이 아니라 하나님이 부르신 일을 하는 것입니다."

하나님께서 이 세상을 향한 위대한 일(사역)을 위해 사람을 부르시는데, 부르심이 하나님에게서 시작되었다는 것은 그 일을 이루는 주체가 내가 아니라 하나님이며, 내 능력이 아니라 하나님의 능력으로 그 일을 이루신다는 것을 의미하는 것입니다. 그렇기 때문에 하나님의 부르심에 대해 우리가 할 수 있는 최선은 순종하는 것입니다. 지금 현재 내 능력, 자격, 배경, 환경을 뛰어넘어 부르심에 순종할 때 하나님께서 그 사람을 통해 하나님의 일을 이루시는 것입니다. 하나님이 부르신 일에 그 사람이 준비되어 있지 않다면 준비 시킬 것이며 능력이 없다면 감당할 수 있는 능력을 주셔서 하나님의 일을 이루실 것입니다.

성경에 기록되어 있는 믿음의 사람들을 생각해 보십시오. 누구도 자신이 능력 있고 자격이 있어서 부르심에 순종한 사람은 없었습니다. 우리가 믿음의 조상이라고 알고 있는 아브라함, 그는 두 번이나 자신의 아내를 누이라고 속였던 비겁한 사람이었습니다. 이스라엘 민족을 애굽에서 인도한 위대한 지도자 모세, 그는 하나님의 부르심에 대해서 몇 번이고 도망갈 구실을 찾았던 사람이었습니다. 우리가 닮고 싶어 하는, 하나님의 마음에 합한 사람 다윗, 그는 자신에게 충성을 다했던 부하를 전쟁에서 죽게 하고, 그의 아내를 빼앗은 살인자요, 파렴치한이었습니다. 예수님의 수제자 베드로, 그는 예수님을 세 번이나 부인했던 배신자였습니다.

누가 이들을 믿음이 조상, 위대한 지도자, 하나님의 마음에 합한 사람, 예수님의 제자로 만들었습니까? 그것은 순전히 하나님의 열심이었습니다. 부르심이 내 욕심이나 야망을 이루기 위한 것이 아니라 하나님으로 시작됐고, 하나님이 부르셨다는 것은 하나님이 책임지신다는 것을 의미하는 것입니다. 순종하여 믿음의 걸음을 내딛으십시오. 하나님의 부르심에 순종할 때 하나님은 우리 삶에 위대하고 놀라운 일을 행하실 것입니다.

# 성공적인 교회사역을 위한 세 가지 요소

예배사역자가 교회에서 사역할 때 초기에 주의해야 할 것은 너무 빨리 기존에 진행되고 있는 예배에 변화를 주려 하지 말라는 것입니다. 먼저 교회의 예배전통과 담임목회자의 예배철학을 이해하는 것이 중요합니다. 그 다음 예배 팀을 파악하고 팀워크를 만들어야하며, 성도들과 신뢰할 수 있는 관계를 형성하는 것이 성공적인 예배사역을 위한 기초라고 할 수 있습니다. 정상적으로 본다면 교회를 파악하고 관계를 형성하는데 1년의 시간이 필요하고, 변화를 위해서는 최소 3년 정도의 시간이 필요합니다.

**첫째. 교회의 예배전통과 목회자의 예배철학(가치, 우선순위, 실제)을 이해해야 합니다.**

교회마다 고유한 예배전통을 갖고 있습니다. 교단의 영향일 수도 있고, 담임목화자의 예배철학, 어떤 성도가 구성원을 이루고 있는가에 따라 각자 독특한 예배문화를 형성하고 있는 것입니다. 기본적으로 예배는 정직하다고 할 수 있는데, 성도들은 자신이 다니고 있는 교회에서 보고, 듣고, 경험한 것을 토대로 예배를 이해하고 있습니다. 많은 경우 예배전통이나 문화는 옳고 그름의 문제 이전에 익숙함의 문제일 수 있습니다. 각 교회의 예배전통은 오랜 시간을 통해 그 교회의 성도에게 익숙하고 최적화된 순서라고 할 수 있습니다. 기존의 예배전통(예배순서와 흐름)을 인정하고 장단점을 파악해 보십시오. 담임목사의 예배철학을 이해하는 것이 중요한데, 목사님과 대화를 통해 예배에 대해 갖고 있는 생각을 듣고 나누며 예배에서 허용되는 것과 허용되지 않는 것이 무엇인지를 파악해야 합니다.

둘째. 교회 찬양 팀을 파악하고 관계를 형성하며 팀워크를 만들어가야 합니다.

예배사역을 한 마디로 팀 사역이라고 정의할 수 있습니다. 영적인 예배와 사역을 감당하기 위해서는 연주자와 싱어가 예배인도자와 같이 한 마음으로 준비되어야 합니다. 인생을 살면서 기본이 중요하다는 얘기를 한번쯤 들어봤을 것입니다. 예배사역의 기본은 하나님과의 교제를 아는 것이고, 음악을 예배에서 효과적으로 사용하기 위해서는 음악적인 면에 준비되어 있어야 합니다. 예배팀이 준비 없이 세워졌다면 자체적으로 커리큘럼을 만들어서 훈련하거나 주변에 예배사역을 배울 수 있는 학교에서 위탁교육을 받을 수도 있습니다. 교회가 어느 정도 규모가 된다면 강사를 교회에 초빙하여 훈련하는 것도 좋은 방법이 될 수 있습니다. 좋은 예배팀이 되기 위해서는 예배팀 전체가 예배사역에 대한 가치와 마인드를 공유하고 음악을 통해 예배의 언어를 구사할 수 있도록 준비되어야 합니다.

셋째. 성도들과 신뢰할 수 있는 관계를 형성해야 합니다.

　교회에서 예배사역을 하는 사역자에게 가장 중요한 것이 무엇이냐고 묻는다면 그것은 삶이라고 대답할 것입니다. 교회사역의 특징 중 하나는 사역자의 삶이 성도들에게 노출되어 있다는 것입니다. 삶이 노출되어 있다는 것은 사역에 긍정적인 영향을 줄 수도 있지만 부정적인 영향을 줄 수 있다는 점을 기억해야 합니다. 예배사역자는 반드시 삶의 본을 통해 성도들과 신뢰할 수 있는 관계를 맺고 선한 영향력의 통로가 되어야 합니다.

　이전에 10년간 한 교회의 예배를 섬기면서 얻은 결론은 여러 지역 많은 교회를 순회하며 섬기는 예배에서 경험할 수 없는 큰 복이 있었다는 것입니다. 한 마디로 얘기한다면 그것은 관계의 복이었습니다. 주일 예배를 섬기기 위해 앞에 섰을 때 서로의 눈빛을 통해 신뢰의 마음을 나눌 수 있다면 그것보다 더 큰 사역의 자원은 없을 것입니다.

　언젠가 멘토 되시는 목사님으로부터 이런 얘기를 들은 적이 있습니다. 한국 사람은 사람이 좋으면 그 사람이 무슨 말을 해도 좋아하지만, 사람이 싫으면 그 사람이 옳은 소리를 해도 그 말을 들으려 하지 않고 마음을 닫는다는 얘기였습니다. 교회사역에서 성도들과의 관계가 중요한 것은 사역의 영향력이 노래나 음악의 기술적인 면 이전에 삶을 통해서 만들어 지기 때문입니다. 교회사역의 영향력은 삶의 무게만큼 이라고 할 수 있습니다. 개인적으로 교회에서 예배사역을 하는 데 가장 중요한 것은 관계라고 생각합니다. 성도들과 관계를 맺는 데 기억해야 할 원칙 하나는 '지름길은 없다' 는 것입니다. 저의 경우 특별한 일이 아니라면 교회 행사에 적극적으로 참여하며 성도들과 관계의 폭을 넓히고 있습니다. 예를 들어 대학부, 청년부, 성년부 수련회에 참석하여 예배를 돕고, 청년부 아웃리치에 함께 참여하여 교제와 사역을 통해 관계를 형성하는 것입니다.

## 도움 글
교회사역에서 목회자와 예배사역자가 갈등을 일으킬 수 있는 요소들

첫째. 권위: 목회자의 권위를 순종하며 따르고 있는가?

열정보다 중요한 것은 방향입니다. 특히 예배사역에서 권위는 이 사역과 관련해서 아주 중요하게 다루어야 할 영역입니다. 모든 권위가 하나님과 연결되어있기 때문입니다. "순종이 제사보다 낫고 듣는 것이 숫양의 기름보다 나으니(삼상15:22)"라고 성경은 말하고 있습니다. 자신이 옳다고 생각하는 내용이라 해도 리더십의 권위에서 벗어나 있고, 교회에 덕이 되지 않는다면, 목회자와의 갈등을 피할 수 없을 것입니다. 먼저 순종하고 목회자와 신뢰의 관계를 맺는 것이 중요합니다.

## 둘째. 개인의 성향: 스타일, 곡 선곡의 문제

예배사역자와 목회자의 개인적인 성향의 차이를 생각해 볼 수 있습니다. 예를 들어 예배 분위기나 음악적인 스타일, 그리고 선곡 등이 갈등의 요소가 될 수 있는데, 서로 다른 환경에서 사역했다면 이 부분을 맞추는 것이 더 어려울 수 있습니다. 기본적으로 서로가 다르다는 점을 인정하고 대화를 통해 풀어가는 것이 중요합니다.

## 셋째. 예배시간: 자신에게 주어진 시간 지키기

예배인도자는 자신에게 주어진 시간을 엄수해야 합니다. 이 부분은 사역자에 대한 신뢰와 직결되는 문제입니다. 예배인도자가 시간을 지키지 않고 오버하게 되면 교회와 목회자로부터 신뢰를 받을 수 없고 예배 전체에 어려움을 주게 될 것입니다.

## 도움 글

2009년 안식년 여행 중 달라스에 있는 CFNI에 방문했을 때 예배학교 수업에 잠깐 들어갔던 적이 있습니다. 이날 수업에서 한 학생이 '목회자와 갈등이 있을 때 어떻게 할 것인가?'에 대한 질문을 했는데, 그때 교수님이 이런 얘기를 했습니다. "교회를 선택할 때는 신중하게 선택하라. 하지만 선택했다면 목사님의 권위에 순종하라." 함께 사역할 교회를 찾는 데 중요한 요인은 하나님

의 인도하심이라고 생각합니다. 만일 하나님이 당신을 그 교회로
인도하셨다는 것을 확신한다면 하나님이 당신을 다시 다른 길로
인도하시지 않는 한 뒤돌아보지 말고 충성되게 자신에게 맡겨진
일을 감당해야 합니다.

# 교회사역, 먼저 성도가 되라

예배사역자가 교회에서 성공적으로 사역하기 위한 노하우(know-how)를 하나 나눈다면 사역자 이전에 먼저 교회의 성도가 되라는 것입니다. 많은 경우 교회 예배 팀이 사역자에게 상처를 받는 이유는 예배 팀의 리더(교역자)가 너무 자주 바뀌기 때문입니다. 이런 경우 예배 팀은 리더 에게 마음을 주기 어렵고 뭔가 일을 진행하려고해도 마음을 열고 따르기 쉽지 않은 것입니다. 예배사역자가 예배 팀과 성도들에게 정서적으로 안정감을 주며 사역하는데 가장 중요한 것은 신뢰의 관계를 맺는 것, 즉 그 교회의 성도가 되는 것입니다.

## 건강한 예배사역을 위해(가르침, 배움)

오늘날 교회마다 예배(찬양)팀이 없는 교회가 없을 정도로, 예배(찬양과 경배)사역은 교회에서 없어서는 안 될 필수적인 사역이 되었습니다. 예배는 교회를 교회되게 하는 본질이며 최우선순위 사역이기 때문입니다. 예전에 교회에서 교역자를 모집할 때 1종 운전면허를 요구했다면, 이제는 찬양사역에 대한 경험이 있고, 예배(찬양)를 인도할 수 있는 사역자를 구하고 있는 것이 교회의 현실입니다. 문제는 모두 예배사역이 중요하다고 말하고 있지만 사역현장을 돌아보면 예배사역에 대한 최소한의 훈련이나 준비가 없이 사역이 진행되고 있다는 것입니다.

교회에서 예배사역자를 세울 때 일반적인 기준을 보면 노래나 악기, 음악에 재능이 있는 사람을 세우고 있는데 이것은 겉으로 드러나는 표면적인 조건이라 할 수 있습니다. 예배사역자가 되기 위해서는 먼저 예배의 참된 의미를 알고 영적인 성숙함이 필요하며, 음악적인 면에 재능이 있어야 하고, 하나님께서 자신을 이 사역가운데 부르셨다는 성령의 기름부으심이 있어야 합니다.

사실 몇 년 전부터 제가 하는 강의 중 '예배사역자의 자질과 역할'에 대한 강의를 하지 못하고 있습니다. 제가 알고 있는 사역자의 기준이 현재 한국교회 상황과 너무 맞지 않기 때문입니다. 이 기준을 교회에 적용한다면 지금 교회에서 사역하고 있는 예배사역자 대다수가 사역을 내려놓아야 할지도 모르겠습니다. 얼마 전 페이스북에 짧은 글을 올린 적이 있습니다. "준비되지 않은 사람이 사역하고 있다. 더 문제는? 가르치지 않고, 배우려하지 않는다." 하늘과 땅을 연결하는 영적인 사역을 하고 있는 예배사역자가 영적인 세계를 모르고, 준비 없이 사역현장에 뛰어 들고 있는데 더 문제는 교회가 이들을 가르치지 않고, 예배사역자가 배우려하지 않는 것입니다.

위의 내용에 대해 이런 질문을 던질 수 있습니다.

왜 가르치지 않는가?
잘 하고 있어서 가르칠 필요를 느끼지 못하고 있는 것인가?
가르치지 않아도 알아서 잘 할 것이라고 생각하는 것인가?

왜 배우려 하지 않는가?

잘 하고 있어서 배울 필요를 느끼지 못하고 있는 것인가?

배워야 할 동기부여나 배울 수 있는 곳이 없는 것인가?


　이 문제를 해결하기 위해서는 목회자와 예배사역자 양쪽의 노력이 필요한데, 저는 먼저 이 일에 대한 책임이 목회자에게 있다고 생각합니다. 많은 경우 교회에서 예배사역을 예배시간에 노래 몇 곡부르는 음악(노래, 연주)사역 정도로 생각하고 있기 때문에 이 부분을 목회자의 영역으로 생각하지 않고 예배팀에게 모든 걸 맡겨두고 있는 것이며, 예배사역의 본질인 하나님과의 만남을 위해 예배팀이 어떤 준비가 필요하고, 어떤 태도로 예배를 섬겨야 하는가에 대한 교육이 이루어지지 않고 있는 것입니다. 예배사역자의 경우도 마찬가지로 예배가 무엇이고, 예배를 섬긴다는 것이 무엇인지에 대한 이해가 없다 보니 현재 진행되고 있는 예배사역에 대한 문제의식이 없고 배우려 하지 않는 것입니다. 예배의 선봉에서 하늘과 땅을 연결하는 영적인 사역을 감당하기 위해서는 예배사역자를 위한 훈련이 필요합니다. 교회는 예배사역자가 예배에서 영적인 사역을 감당할 수 있도록 훈련할 수 있는 프로그램을 제공해야 합니다. 예배사역자는 본인이 예배자로 설뿐 아니라 성도들을 하나님의 임재 가운데로 안내할 수 있는 임재의 통로로 쓰임 받을 수 있도록 겸손하게 배우고 준비되어야 합니다.

# 건강한 예배(찬양)팀을 세우기 위한 제안

첫째. 예배에 대한 교육이 필요합니다.

1년에 1회~2회 예배훈련을 통해 예배 팀이 영적인 면과 음악적인 면에서 성장할 수 있는 기회를 제공해야 합니다. 지역에서 신뢰할 수 있는 건강한 예배학교가 있다면 위탁교육 형태로 진행할 수도 있고, 강사를 초빙하여 교회에서 예배를 섬기는 사역자 전체를 대상으로 예배세미나, 예배워크숍으로 진행할 수도 있습니다.

둘째. 예배팀에 대한 지속적인 관심과 양육 기도후원자를 세웁니다.

예배사역자들과 정기적인 모임을 갖고, 예배사역에 대해 마음을 나누며, 기도하며 후원 할 수 있는 사람들을 세워야 합니다. 눈에 보이는 사역의 영향력은 보이지 않는 곳에서 결정된다고 합니다. 기도와 후원, 격려만큼 강력한 예배자원은 없을 것입니다.

셋째. 예배관련도서나 음반을 구입하고 나눕니다.

사역의 열매는 사람을 세우는 것입니다. 나무가 심겨서 자라고 열매 맺기 위해서는 적절한 영양공급이 필요합니다. 예배팀의 예산 중 예배자료 구입비를 책정해서 관련도서나 음반을 구입합니다. 함께 책을 읽고 나누거나, 독후감을 쓰는 것도 좋고, 예배음반이나 영상을 함께 보고 나누는 것은 사역이 한 단계 자라고 열매 맺는데 좋은 자극이 될 수 있습니다.

# 교회 예배팀 모집의 자격요건에 대해서...

교회에서 예배팀을 세울 때 모두에게 공통적으로 적용해야 할 가장 중요한 기준은 영적인 거듭남, 구원의 확신입니다. 이것이 우리가 하나님을 예배할 수 있는 근거이기 때문입니다.

예배를 섬기는 자리는 공적인 자리로, 단순히 노래하고 악기를 연주하는 음악적인 활동 이상을 의미하는 영적인 사역입니다. 예배팀은 사람들에게 드러나는 자리, 즉 영향을 끼치는 자리에 서는 것이기 때문에 영적인 성숙과 삶을 통해 신뢰할 수 있는 검증된 사람을 세워야 합니다.

삶이 노출되어 있는 교회사역에서 영향력 있는 예배사역을 위해 누구도 피해갈 수 없는 관문이 있다면 그것은 삶입니다. 교회사역은 일회성 퍼포먼스가 아니라 마라톤과 같은 사역으로 예배팀원이 삶에서 신뢰성을 줄 수 없다면 성도들에게 영향력을 끼칠 수 없을 것입니다.

기본적으로 공예배에 잘 참여하고 있는가, 사람들을 대하는 태도와 언어, 관계에서 모범을 보이는 사람을 세우는 것이 중요합니다. 그리고 예배에서 지원한 각 파트(노래, 악기연주)에 대한 재능이 확인되어야 하며, 하나님의 부르심에 대한 확신을 갖고 있어야 합니다.

    교회에서 예배를 섬기는 사역자의 역할이 중요하기 때문에 사역
자를 세울 때 안전장치를 하고 검증된 사역자를 세우기 위해 예배
팀에 지원 할 수 있는 자격에 대해 세례교인이나, 등록교인, 아니
면 교회에 등록한 지 짧게는 몇 개월에서 1년 이상 신앙생활을 한
성도로 규정할 수 있습니다.

    이와 함께 이 사역에서 가장 중요한 것 하나를 나눈다면 사역자
(싱어, 연주자) 이전에 먼저 예배할 줄 아는 예배자가 되어야 한다
는 것입니다. 예배를 섬기는 사역자가 예배를 알지 못한다면 노래
나 연주를 통해 예배를 도울 수 없을 것입니다.

# 예배사역의 훈련과 단계, 과정 안내
(아래 내용은 다리놓는사람들과 어노인팅의 훈련 내용을 참고하고 있습니다.)

1. 찬양과경배학교: 국내에서 가장 오래된 예배학교(다드림 찬양과 경배학교)로 예배의 본질(스피릿과 마인드)을 나누는 가장 기본적인 예배학교 과정입니다. 현재 다리놓는사람들 예배학교로 이름이 바뀌어 진행되고 있습니다.

– 강의 내용: 예배, 찬양, 섬김, 기쁨, 중보기도, 영적전쟁 등

2. 예배인도자학교: 찬양과경배학교의 후속 프로그램으로 교회에서 예배사역팀이 사역을 하는 데 필수적으로 훈련하고 준비해야 할 내용을 다루는 예배학교 과정입니다.

– 강의 내용: 예배의 중요성과 의미, 예배사역자의 자질과 역할, 예배 팀 구성과 운영의 실제, 예배 팀 실습 등

3. 예배팀 워크숍: 예배인도자학교의 축소판으로 예배인도자학교의 커리큘럼을 3일간 핵심적인 프로그램으로 요약하여 진행하는 과정입니다. 보통 연초에 진행되는데, 매해 새롭게 구성되는 예배팀원중 장기간 예배학교에 참여하기 힘든분이나, 지방에서 참여하기 힘든 분들을 돕기 위해 준비된 프로그램입니다. 보통은 서울에서 진행했는데 예배팀 워크숍은 단기 프로그램으로, 지방에서 진행해도 좋은 프로그램입니다.

– 강의 내용: 예배사역의 기초 이해(예배, 음악, 사역), 예배곡 해석의 실제(가사묵상의 중요성), 예배팀의 역할과 리듬의 이해와 적용(음악적인 역할, 예배에서의 역할), 편곡, 연습, 리허설(루틴 구성, 리듬 섹션, 코드, 인트로, 다이나믹스, 엔딩, 같은 곡 다른 해석, 새로운 스타일의 적용), 예배팀 커뮤니케이션

4. 예배인도자 워크숍: 교회마다 예배인도자가 세워지고 매주 예배가 진행되고 있는데 문제는 예배를 섬기는 예배(찬양)인도자가 준비 없이 세워지고 있는 것입니다. 예배인도자 워크숍은 예배인도자가 사역하는데 기본적으로 알고 있어야 할 필수적인 내용을 훈련하는 과정입니다. 많은 경우 예배인도자가 준비되지 않기 때문에 팀원과 예배적인 소통을 하지 못하고 영적인 사역을 할 수 없는 것입니다.

– 강의 내용: 예배사역의 기초 이해(예배, 음악, 사역), 예배인도자의 자질과 역할(영성 및 성품, 음악, 기름부으심), 예배곡 해석: 내용적 해석(가사묵상의 중요성), 음악적 해석(키, 리듬, 템포), 예배의 모델 이해(하나님과의 교제의 과정 이해하기), 예배 곡 순서(콘티) 작성의 실제, 예배인도의 실제(실습)

5. 워십 투어: 어노인팅에서 2004년부터 시작한 프로그램으로 지금은 진행되고 있지 않지만 예배사역자를 훈련하는 가장 효과적인 과정이라고 생각합니다. 워십 투어는 교회에서 사역하고 있는

사역자를 투어를 통하여 훈련하고, 다시 교회로 보내는 훈련과정입니다. 가을에 오디션을 통해 사역자들을 뽑고, 3개월가량 영적인(예배사역) 면과 음악적인(앨범 카피) 훈련을 하고 투어를 시작하기 전 일주일간 리허설 캠프를 통해 사역의 실제적인 면을 점검하고 40일간 직접 사역에 참여하여 예배를 통해 예배를 배우고 훈련하는 과정입니다.

 - 강의 내용: 교회와 가정으로부터 파송되어 투어기간 삶을 통해 예배를 배우고, 예배를 통해 예배를 배우는 과정입니다. 예배는 이론이 아닌 실제이며 습득되는 것입니다.

6. 멘토링: 멘토링은 예배사역자를 훈련할 때 현재 가장 효과적이고 이상적인 훈련이라고 생각됩니다. 예배사역의 모델이 되는 각 파트의 전문사역자를 연결하여 멘토로 삼고, 음악적인 기능뿐 아니라 예배사역에 임하는 태도와 예배사역의 실제를 배우는 과정입니다.

 - 강의 내용: 일주일에 한 번 시간을 정해서 삶과 사역(삶, 과제물 - 예배도서 나눔, 콘티 점검, 예배사역 피드백)을 점검하고 나누는 시간으로 진행됩니다.

# 예배인도자를 양육하는 방법

예배인도자를 훈련할 때, 가장 효과적이고 이상적인 훈련은 멘토링이라고 생각합니다. 일대일이나 소규모(3~5명)로 팀을 이루어 매주 만나 삶과 사역을 나누며 예배사역에 임하는 태도와 예배인도의 실제-매주 콘티를 짜고 실습하고 피드백-를 배우게 됩니다. 예배는 가르쳐지기보다 습득되는 것이기 때문입니다.

## 예배인도자 앤디 팍(Andy Park)의 예배인도자 양육법

보여 주고 말해 주는 과정: 이것은 예배인도자들에게 가장 강력한 훈련도구이다. 이것은 '제자도 고리'라고도 알려져 있는데, 예배인도에도 적용할 수 있다.

1. 당신이 예배인도 하는 모습을 관찰하게 하십시오.
   (모델링은 가장 강력한 의사소통 수단이다.)
2. 당신이 인도할 때 옆에서 싱어로 함께 예배하게 하십시오.
3. 그가 예배를 인도하게 하고 당신이 옆에서 싱어로 함께 예배하십시오.
4. 예배가 끝났을 때 예배 시간에 대해서 이야기를 나누십시오.(피드백).
5. 혼자 예배를 인도하게 하십시오.

## 참된 영성이란... 단순함, 민감함

목회자를 위한 한 영성집회에 참석했다가 세계적인 영성신학자 리처드 포스터(Richard Foster)의 메시지를 들을 기회가 있었습니다. 그의 메시지를 들으면서 신선하게 다가왔던 것은 별로 중요한 것 같지 않은 일상의 평범한 얘기를 너무나 진지하게 그 얘기 가운데 자신이 푹 빠져서 이야기를 들려주는 것이었습니다. 마치 어린아이가 어른이 생각할 때 별로 중요하지 않은 얘기를 아주 진지하게 설명하는 것과 같은 모습이었습니다.

오늘날 세상은 더 크고, 강하고, 자극적인 것을 추구하고 있습니다. 아니 웬만한 자극이 아니면 귀를 기울이지도, 사람들이 시선을 주지도 않는 세상에 살고 있는 것입니다. 그래서 점점 더 자극적인 예배, 메시지를 만들어 내려고 하는지도 모른다. 이는 마치 예배를 하나의 이벤트로 만들고, 멋진 쇼를 연출하려는 것과 같은 것입니다. 언젠가 그런 얘기를 한 적이 있습니다. "예배에서 사람의 역할이 많아진다는 것은 하나님의 역할이 그만큼 줄어든다는 것을 의미한다." 정말 좋은 예배는 내 능력으로 뭔가를 하는 것이 아니라 능력의 하나님이 나를 통해 일하시도록 힘을 빼는 예배가 되어야 합니다. 수영할 때 물에 몸을 맡기듯이 하나님께서 마음껏 일하시도록 그분께 나를 맡기는 것입니다.

참된영성이란? 더 세고, 강하고, 자극적인 것을 추구하는 것이 아니라, 단순하고 평범한 일상에서 잃어버린 하나님을 발견하는 것입니다. 세상의 굳은살을 벗겨내고 하나님과의 영적인 민감함을 회복하는 것입니다. 우리를 두렵게 하는 어떤 문제보다 크고 능하신 하나님을 바라보는 것입니다. 우리 귀를 막고 있는 세상의 거대한 소음을 뚫고 들려오는 작고 세미한 하나님의 음성에 귀를 기울이는 것입니다.

# 삶의 우선순위

중요하기 때문에 시간을 내는 것이 아니라 시간을 내는 일이 중요한 일입니다. 사랑하면 시간을 내게 되어 있습니다.우리 삶을 돌아보면 온통 중요한 일로 둘러싸여 있는 것을 볼 수 있습니다. 모두 중요한 일이라며 시간을 요구하는데 문제는 시간이 없다고 합니다. 중요한데 시간을 낼 수 없다는 말은 말이 안 되는 말이라고 생각합니다. 시간을 낼 수 없다면 그 일이 중요하지 않다고 하는 것이 오히려 정직한 마음의 표현이 될 것입니다. 여러분의 삶에서 시간을 내는 그 사람이 중요한 사람이고, 시간을 내는 일이 정말 중요한 일이라는 것입니다. 우리는 아무리 바빠도 자신이 중요하다고 생각하는 일에 시간을 내기 때문입니다.예수님은 말씀하셨습니다. **"나의 계명을 지키는 자라야 나를 사랑하는 자니(요 14:21上)"** 바꾸어서 말하면 너희가 나의 계명을 지키지 않는 것은 나를 사랑하지 않기 때문이다. 너희가 내 말을 존중히 여기지 않는 것은 나를 사랑하지 않기 때문이다. 너희가 나를 사랑한다면 나의 마음이 너의 마음이 될 것이고, 내가 보는 것을 너희가 볼 것이며, 내가 가고자 하는 곳에 너희가 가게 될 것이다.너를 통해 나의 꿈을 이룰 것이다. 나는 너를 돕고 싶고 너와 함께 하고 싶다. 네가 원하기만 한다면 난 너의 모든 삶에 함께 살아갈 것이다. 하지만 네가 날 구하지 않고 원하지 않는다면 널 도울 수 없고, 너를 통해 일할 수 없다. 나를 구하라, 그리하면 내가 너와 함께 할 것이며, 너를 통해 하나님의 영광을 드러낼 것이다.

나를 너의 양식으로 삼으라. 나를 너의 도움으로 삼으라. 나를 믿으라. 그리하면 내가 네 양식이 될 것이고, 너의 도움이 될 것이고 네 삶을 통해 살아갈 것이다.  우리는 우리 인생에서 무엇이 중요한지를 잘 알고 있습니다. 문제는 그렇게 살지 않는 것입니다. 아니 정직하게 말하면 살아갈 힘이 없는 것입니다. 중요한 것을 아는 것과 삶으로 살아내는 것은 다른 것입니다. 문제는 문제를 모르는 것이 아니라 삶으로 살아내지 못하는 것입니다. 내가 무엇을 중요하게 여기고 가치 있게 여기는가는 내가 무엇에 내 삶을 드리고 있는가를 통해 확인할 수 있습니다. 우리 삶을 돌아보면 온통 중요한 일로 가득 차 있습니다.  모두 중요하다고 말하며 우리에게 시간을 요구하고 있습니다. 내 삶의 우선순위를 차지하고 있는 것은 무엇인가요? 내가 무엇에 시간과 삶을 드리고 있는가를 통해 나의 가치를 보게 될 것이고, 그에 합당한 열매를 맺게 될 것입니다.

# 예배에서 싱어의 역할
## (기도, 외침, 즉흥적인 노래와 고백)

예전에는 팀에서도 그렇고 개인사역을 가서 교회 찬양팀과 예배할 때 밴드(연주자)만 잘 준비되면 예배하는 데 어려움이 없다고 생각했었습니다. 하지만 요즘은 밴드도 중요하지만 예배에서 싱어의 역할이 정말 중요하다는 것을 깨닫게 되었습니다. 문제는 교회에서 예배를 아는 준비된 싱어를 만나기가 쉽지 않다는 것입니다.

교회에서 사역하고 있는 예배팀 싱어를 보면 인도자와의 호흡이나 예배의 영적인 흐름에 대한 이해가 없이 노래만 하고 있는 경우를 보게 됩니다. 예배를 통해 영적인 사역이 일어나려면 예배를 섬기는 사역자들(싱어, 연주자)이 영적인 세계를 이해하고 있어야 합니다. 특히 예배에서 예배인도자와 최종적인 메시지를 전달하는 싱어는 단순히 노래하는 것에 그치지 않고 인도자와 함께 예배의 흐름을 타면서 기도, 외침, 즉흥적인 노래와 고백으로 함께 호흡하며 예배를 도울 수 있도록 준비되어야 합니다.

첫째 . 기 도
예를 들어 예배에서 인도자가 목이 터져라 기도하고 있는데 싱어들이 함께 통성으로 기도하지 않고 마이크를 내리고 작은 소리로 속삭이는 경우를 생각해 볼 수 있습니다. 예전에 사역하면서 이런 상황에 대해 싱어들에게 정직하게 이런 얘기를 했던 적이 있습니다. 인도자가 기도인도 하다가 목이 쉬면 되겠느냐고 인도자가 기도를 인도할 때 싱어들이 함께 기도하는 것은 인도자와 함께 예배의 흐름을 타고 더 깊이 예배에 몰입하며 회중을 섬기는 것입니다.

우리나라의 상황을 생각해 보면 인도자가 기도를 인도할 때 힘 있게 차고 나가지 않으면 회중의 마음이 일어나지 않고 적극적으로 기도에 임하지 않는 것을 볼 수 있습니다. 그렇기 때문에 인도자는 마음을 담아 큰 소리로 기도하며 본을 보이는 것입니다. 그런데 예배인도자를 돕고, 회중을 섬겨야 하는 싱어가 함께 기도하지 않는다면 그 부담은 모두 인도자가 지게 되고, 회중을 돕는 역할을 하지 못하는 것입니다. 예배에서 인도자가 기도에 대한 마음을 나누고 인도할 때 싱어들은 함께 마음을 모아 기도하며 인도자와 회중들을 섬겨야 합니다.

둘째 . 외 침
예배에서 하나님의 하나님 되심을 선포하고 증거하는 강력한 고백으로 노래를 마칠 때 싱어는 예배인도자와 함께 그 흐름에 합당한 고백을 외쳐서 하나님을 찬양할 수 있습니다. 노래가 끝났다고 예배가 끝난 것이 아니기 때문입니다. 예배에서 외침은 우리 안에 있는 하나님을 향한 확신, 진리를 선포하고 증거하는 것입니다. 외침의 내용을 생각해 보면 노래 가사의 연장으로서의 외침과 찬송을 부르면서 노래로 다 표현할 수 없었던 내용을 자신의 고백으로 만들어 외침을 통해 찬양하는 것입니다.

예를 들어 찬송가 '주 하나님 지으신 모든 세계"를 찬송한 후 '위대하신 하나님을 찬양합니다.' 라고 외쳐서 하나님을 찬양할 수 있고, '찬양하세'를 찬양하면서 마지막 부분 '예수 나의 왕 예수 나의 왕 예수 나의 왕 아멘'을 마무리하면서 자신의 고백으로 '예수님이 나의 왕이십니다. 예수님이 온 땅을 통치하십니다.'라고 큰 소리로 외쳐서 하나님을 찬양할 수도 있습니다. 예배에서 외침을 통해 하나님을 찬양하는 것이 자연스러우려면 노래 가사를 깊이 묵상하여 내 고백으로 만들어야 하고, 예배를 준비하는 연습시간에 하나님께서 마음을 주실 때, 마음 가득한 하나님을 향한 고백을 외침을 통해 표현하는 훈련을 해야 합니다.

### 셋째. 즉흥적인 고백과 노래

예배인도자가 예배에서 즉흥적인 고백이나 노래를 인도할 때가 있습니다. 이때 싱어가 인도자와 함께 호흡하며 자연스러운 예배의 흐름을 만들어야 하는데, 예배팀원들이 이 부분에 훈련되어 있지 않다면 인도자는 예배팀(싱어, 연주자)의 도움을 기대할 수 없을 것입니다. 예배팀은 예배에서 이런 상황이 주어질 때 예배인도자와 함께 호흡할 수 있도록 준비되어야 합니다.

예배인도자가 즉흥적인 고백이나 노래로 나아갈 때 특히 싱어의 역할이 중요한데, 싱어가 인도자와 함께 호흡하지 않으면 회중들은 자연스럽게 즉흥적인 고백이나 노래로 예배 가운데 반응할 수 없을 것입니다. 하지만 싱어가 인도자의 즉흥적인 고백이나 노래에 화답하면서 함께 호흡하게 되면 회중들은 자유함 가운데 예배의 흐름에 동참하고자 하는 마음이 일어나게 될 것 입니다. 즉흥적인 노래를 할 때 연주자는 일정한 패턴으로 코드진행을 반복하게 되는데, 싱어는 연주자가 연주하는 코드의 화성을 이해하고 화성에 맞는 음에 자신의 고백을 담아 노래하는 것입니다.

# 예배에서 건반(Piano)의 역할과 중요성

우리나라의 경우 예배사역에서 건반 연주자의 역할이 중요하고, 의존도가 높은 것을 볼 수 있는데, 건반은 예배의 시작과 예배 전체 흐름을 자연스럽게 연결하며 이끌어가는 악기이기 때문입니다. 예를 들어 '찬양하세(A key) – 예수 우리 왕이여(A key)' 예배세트에서 '찬양하세'를 빠른 템포로 마무리하면서 느린 템포(Free)로 인도자가 후렴부분을 다시 부른다고 할 때 예배 팀에서 건반 연주자의 역할이 중요한데, 건반 연주자가 기본적으로 가져야 할 태도는 자신이 인도하려 하지 말고 인도자의 느낌에 존중하고 따라가야 한다는 것입니다. 예배인도자의 느낌에 건반을 맞추려면 먼저 인도자가 갖고 있는 템포와 볼륨을 파악하고 인도자가 음악에 메이지 않고 자유롭게 예배로 이끌어 갈 수 있도록 건반을 맞춰 주는 것입니다.

특별히 예배의 핵심이라 할 수 있는 경배에서 건반 연주는 인도자의 그림자와 같이 하나되어 함께 예배를 느끼며 호흡하는 세밀함이 요구됩니다. 예를 들어 경배에서는 연주자의 터치 하나가 예배의 성패를 좌우할 수 있을 정도로 중요한데, 이때 건반 연주자가 경배를 모르고 경험이 없다면 경배에 맞는 연주, 언어를 구사할 수 없을 것입니다. 경배에서 연주자가 인도자의 느낌을 오버한다든지, 음악적인 테크닉으로 채우려 한다면 영적인 경배의 자리로 나아갈 수 없을 것입니다.

건반 연주자가 성령님의 인도하심에 민감하게 반응하는 연주를 하기 위해서는 경배를 알고 경배에 대한 경험이 있어야 합니다. 내가 인도하려는 자리에서 내려와서 성령하나님께 맡기고 따라가야 합니다. 하나님의 임재하심이 있는 경배의 자리로 나아가기 위해서 예배를 섬기는 이들이 가져야 할 태도는 열린 마음으로 성령께서 개입하시고 일하시는 통로가 되는 것입니다. 즉흥적이고 자유롭게 예배가 흘러가는 부분에서는 인위적인 느낌이 들지 않도록 힘을 빼는 것이 좋습니다.


## 예배에서 전주(intro)에 대해서

예배에서 전주(intro)는 엔딩과 함께 예배의 다음 흐름을 연결하는 중요한 역할을 하고 있습니다. 이때 중요한 것은 예배 전체의 흐름을 이해하는 것입니다. 전주는 앞의 흐름(예배의 온도)을 유지하면서 다음 흐름으로 연결하거나, 새로운 분위기로 전환을 할 때 자연스럽게 예배의 흐름을 이끄는 역할을 하게 됩니다.

전주는 곡을 예비하는 느낌과 곡에 담긴 메시지의 영감을 짧은 연주를 통해 예배팀과 회중들에게 전달해야 합니다. 어떤 악기가 그 곡의 느낌을 표현하기에 가장 접합한지를 정하고, 전주의 템포(빠르기), 길이(마디), 느낌을 정합니다. 이때 전주를 맡은 사람에게 중요한 것은 안정감입니다. 화려한 테크닉 보다 전주를 맡은 연주자가 안정감을 갖고 자신 있게 연주 하는 것이 중요합니다.

## 1. 교회에서의 전주

교회에서 전주는 보통 음반에 담긴 내용을 카피해서 하는 것이 일반적인데, 악기구성이나 전주의 길이를 그대로 따라 할 수도 있지만 팀에 맞는 구성이나 길이로 편곡해서 하는 것이 좋다고 생각됩니다. 예를 들어 전주의 길이는 앨범에서 그 곡이 어떤 흐름에서 사용되었는가를 이해하는 것이 중요합니다. 앨범에 담긴 음원의 경우 예배흐름 안에서 진행되는 것이기 때문에 들을 때는 길게 느껴지지 않지만, 실제 예배에서는 영원처럼 그 시간이 길게 느껴질 수도 있습니다. 전주가 길다는 것은 많은 사람들이 기다려야 한다는 것을 의미합니다. 예전에 찬송가 전주를 생각해 보면 처음 4마디와 나중 4마디를 연주하는데, 예배인도자가 찬송가 몇 장을 찬양 합시다 하면서 찬송가를 펴면 신기하게도 거의 전주 길이와 맞았던 것을 볼 수 있습니다. 하지만 요즘 그렇게 전주를 한다면 많은 사람을 기다리게 할 수도 있습니다. 찬송가를 찾을 필요 없이 예배인도자가 찬양하자는 말이 끝나면서 바로 액정에 가사가 뜨기 때문입니다. 만약 찬송가 전주를 하는데 이전과 같은 길이로 해야 한다면 액정의 가사를 먼저 띄우지 말고, 전주가 끝나는 지점에서 띄우는 것이 좋을 것입니다.

## 2. 전주와 인도자의 멘트

전주의 길이에 대해 또 하나 생각해 볼 것은 인도자의 멘트입니다. 보통 인도자의 멘트가 길어서 전주가 길어지는 경우는 많지 않지만, 전주가 길어서 인도자가 어색함을 채우기 위해 멘트를 하는 경우가 종종 있습니다. 어노인팅 2집을 녹음할 때 '보좌로부터 물이 흘러'가 끝나면서 '이 날은 주가 지으신 날'의 전주를 일렉기타가 들어오기로 했었는데, 이때 일렉기타가 바로 차고 나오지 않아서 인도자는 생각지도 않았던 샤우팅을 해야 했던 웃지 못할 상황이 있었습니다. 전주를 맡은 연주자는 인도자의 멘트나 샤우팅, 전주의 길이를 계산하고 있어야 합니다. 인도자가 멘트를 하다가 전주가 들어가는 경우도 있는데 이때 중요한 것은 타이밍을 맞추는 것입니다. 예배인도자의 멘트가 정해지지 않고 자유로운 경우라면 노래의 첫 곡 조(key)로 간단하게 1도~4도 코드를 깔아주다가 인도자가 사인을 주면 전주가 들어가는 형식을 취할 수도 있습니다.

## 예배팀 가이드라인

예배팀 가이드라인이란 팀을 보호하기 위해 세워 놓은 안전장치입니다. 새로운 멤버가 팀에 들어와서 적응하고 한 팀이 되기 위해 알아야 할 내용과 사역에서 일어날 수 있는 다양한 상황에 대한 팀의 사역철학과 원칙을 나눔으로 사역에서 있을 수 있는 혼란을 미리 방지하고, 팀원으로서 지켜야 할 의무들을 제시하는 것입니다.

## 1. 위탁

예배팀의 비전과 정책을 성실하게 따를 수 있는 헌신된(세례교인, 등록교인, 헌신하는 멤버의 신뢰성을 확보할 수 있는 기준 제시) 크리스천으로 최소 1년 이상 위탁을 기본으로 한다.

## 2. 수습기간

새로운 멤버가 오디션(영성, 음악성, 지원한 파트)을 통해 팀에 들어오게 되면 팀에 적응 할 수 있도록 수습기간을 갖는다. 이 기간동안 연습이나 팀 모임에는 반드시 참여해야 하지만 사역은 하지 않는다. 수습기간에 신입단원은 사역에 대한 비전을 나누고, 예배사역에 필요한 영성과 음악적인 훈련을 통해 실제 사역에 임할 수 있도록 준비하며 팀원들과 하나 되는 시간을 갖게 된다.

## 3. 시간 사용(정기 모임과 사역)

정기모임(정기 연습시간)과 매주 주일 사역은 필수적으로 참여해야 한다. 그리고 정기모임 외에도 교회에서 특별한 사역 요청이 들어왔을 때 팀에서 결정한 사역이나 훈련 프로그램 등에 개인의 일정을 고려하여 참석해야 한다.

## 4. 사역에 대한 우선순위

일반적으로 지켜야 할 우선순위는 가정, 그 다음이 교회사역이다. 건강하게 사역하는 데 가족이 사역을 이해하고 지원하는 것은 참으로 중요하다. 하지만 팀에 헌신한다는 것은 팀의 연습모임과 주일사역에 헌신한 것이며 이것에 대한 최우선순위가 있다는 것이다. 특별한 일(모든 팀원이 공감하고 공적으로 허용할 수 있는 일)이 아니라면 이 시간에 일정을 잡지 않는 것이 원칙이며 만약 이 시간에 다른 일정을 잡아야 한다면 미리 리더십과 상의하여 허락을 받고 일정을 잡아야 한다.

## 5. 영적인 준비를 위한 노력

예배사역에서 가장 중요한 요소는 바로 멤버의 영성이다. 예배팀 멤버들은 무대에 서야하고 사람들에게 영향을 끼치는 자리에 있기 때문에 초신자나 영적으로 성숙하지 않은 사람은 사역자로 서는 것이 적합하지 않다. 왜냐하면 예배사역은 단순히 노래나 악기 연주만 하는 것이 아니라 왕이신 하나님을 예배하고 그의 백성들에게 사역할 수 있는 영적인 준비가 되어 있어야 하기 때문이다. 이것은 예배팀원 한 사람 한 사람이 하나님과 친밀한 관계를 유지하고 있어야 한다는 것을 의미하는 것이다.

## 6. 음악적 완성을 위한 노력

예배사역에서 음악은 이 사역에 강력한 영향력을 끼치는 도구라고 할 수 있다. 싱어와 연주자는 '예배가 영적인 사역'이기 때문에 자신이 맡은 파트에서 그에 합당한 전문성을 갖추고 있어야 한다. 왜냐하면 우리의 음악적 전문성의 부족으로 하나님의 역사를 제한하고 싶지 않기 때문이다. 사역자들은 영적인 부분에서뿐 아니라 음악적인 부분의 준비를 통해 이 사역에 음악이 효과적으로 사용될 수 있도록 도와야 한다. 이를 위해서는 개인적 노력뿐만 아니라 팀 전체의 노력이 필요하다. 그러나 개인의 음악적 완성(음악적 전문성)이 없이는 팀 전체의 음악적 완성도 기대할 수 없다는 것을 명심해야 한다. 모여서 준비하는 시간이 효과적으로 진행되기 위해서는 반드시 개인연습이 선행되어 있어야 한다.

## 7. 팀의 하나 됨을 위한 노력

예배사역의 영향력은 팀 전체의 하나 됨을 통해 형성된다. 우리는 항상 팀 전체가 한 가지 목적을 가지고 있는 한 몸인 것을 기억해야 한다. 그래서 우리는 각자 개인의 재능을 먼저 발휘하기보다 그것을 통해 팀 전체가 아름다운 하모니를 이룰 수 있도록 노력해야 한다. 이것은 이 사역이 어떤 한 개인의 노력이 아닌 팀 전체의 노력에 의해서 이루어진다는 것을 의미하는 것이다. 우리는 사역에 능한 자 이전에 관계에 능한 사람이 되어야 한다. 이를 위해 약속시간 엄수 및 언행과 삶을 통해 서로에 대한 신뢰를 돈독히 하고 몸의 하나 됨을 힘써 지켜가야 한다.

## 8. 권위에 대한 태도

사역 안에서 몸의 보호를 위해서는 팀의 리더십을 존중하고 순종해야 한다. 예를 들어 팀 정기모임 시간에 다른 일정이 중복된다고 할 때, 팀을 보호하기 위한 원칙 하나를 세운다면 '선약속 우선의 법칙'을 얘기할 수 있다. 먼저 잡은 약속에 우선순위를 두는 것이다. 이 원칙을 적용한다면 정기모임 시간이나 사역시간이 이에 속한다. 아무리 중요한 약속이라도 팀의 정기모임에 우선될 수 없다. 단 가정이나 교회의 경조사나 특수한 사정이 있을 경우는 예외가 있을 수 있다. 팀에서 인정하는 우선순위가 아님에도 리더십과 이 문제를 상의하려 한다면 여기에서 취해야 할 중요한 태도는 이것이다. 상의하고 결정할 것인가 결정하고 통보할 것인가 많은 경우 문제는 팀과 상의하지 않고 자신이 결정하여 통보하는 것이다. 이는 팀을 존중하지 않는 행위이며, 함께 사역하는 팀에 중대한 해를 끼치는 것이다. 이 상황에서 꼭 기억해야 할 것은 결정권이 본인에게 있지 않고 팀의 리더십에게 있다는 것이다. 통보하지 말고 상의해야 하며 리더십에서 결정되는 내용을 순종하는 것이 중요하다. 정당한 이유가 있는 일정이라 해도 미리 팀에 알려서 자신이 빠져도 팀 사역에 지장 받지 않도록 준비할 수 있는 시간을 주어야 한다.

## 9. 언어 사용과 복장에 대해서

공적인 사역 현장에서는 존칭어(간사님, 형제님, 자매님) 사용을 원칙으로 한다. 그 밖의 자리에서는 편한 호칭을 사용해도 무관하다. 대화를 나눌 때는 상대방을 존중하며 덕을 드러내고, 격려하고 세워 주는 말을 사용한다. 기도하지 않고 권고하거나 훈계하지 않는다. 장소나 분위기에 맞는 대화를 나눈다. 또한 집회모임에 적합하지 않은 복장이나 화장, 액세서리는 피하는 것이 좋다.

## 10. 시간 사용에 대해서

팀 사역에서 시간 약속을 지키는 것은 참으로 중요하다. 이 부분은 개인의 성실함 내지 인격을 반영하고 있고, 팀 사역에서 한 사람의 부주의함이 팀 전체에 치명적인 어려움을 줄 수 있기 때문이다. 약속시간 10분 전에 도착할 수 있도록 시간 계획을 해야 하며, 특별한 사정에 의해 늦을 경우에는 사전에 리더십에 연락하여 팀이 이에 대비하도록 해야 한다. 모임 및 연습시간의 시작과 끝을 정하고 잘 지키도록 한다. 약속 시간에 늦은 지체는 팀원들에게 용서를 구하며 팀원들은 이를 용납하며 사랑함으로 서로에 대한 신뢰관계를 지켜가야 한다.


## 예배인도자가 음향 엔지니어에게 해 주고 싶은 조언

재미있는 이야기를 하나 먼저 나누려합니다. 후배 중에 예배팀에서 오랫동안 연주를 하던 친구가 있는데 교회에서 어떤 사역을 하고 있냐고 물으니 음향 엔지니어를 하고 있다고 했습니다. 이유를 알아보니 교회에서 악기를 연주하는 것보다 음향 엔지니어를 하는 것이 더 페이가 많기 때문이었습니다. 교회가 대형화되고 좋은 장비가 들어오면서 음향 엔지니어는 교회에서 없어서는 안 되는 중요한 존재가 된 것을 볼 수 있습니다.

오랫동안 예배팀 사역을 했기 때문에 보이지 않는 곳에서 묵묵히 자신의 역할을 감당하고 있는 엔지니어가 얼마나 수고하고 있고 중요한 역할을 맡고 있는지 충분히 이해가됩니다. 문제는 선교단체 사역에서는 엔지니어가 예배팀의 멤버로 함께 호흡하며 사역하고 있지만 교회는 그렇지 않은 경우가 많다는 것입니다. 예배팀 멤버가 엔지니어를 하는 경우가 아니라면, 교회에서 엔지니어는 직원으로 채용되어 소리는 올려주고 기본적인 도움을 주겠지만 한 팀으로 함께 호흡하며 예배를 위해 기도하고 소통하는데 어려움이 있는 것입니다. 전에 글에서도 얘기했지만 예배사역은 종합예술과 같은 것으로 좋은 예배를 만들어가기 위해서는 예배를 섬기는 모든 사역자들이 예배자가 되어야 합니다.

이 지점에서 쓴 소리를 하나하고 넘어가겠습니다. 엔지니어 콘솔이 외부에 드러나 있다면 문제가 없지만 방송실로 독립되어 있는 경우, 방송실이 예배하지 않고 잡담을 나누는 공간이 되는 경우를 보곤 합니다. 교회 방송실을 보면 그 교회의 예배수준을 가늠 할 수 있다는 말이 있습니다. 교회에 좋은 예배인도자나 예배팀이 있는 것도 복이지만 좋은 엔지니어가 있다는 것은 그 어떤 것과 비교할 수 없는 가치가 있다고 생각합니다.

친구 중에 양대인이라 칭하는 엔지니어가 있습니다. 친구지만 그의 삶과 사역에서의 섬김의 모습을 보면 저뿐 아니라 많은 후배들의 존경을 받는 친구입니다. 그는 엔지니어로서 늘 섬김에 본을 보입니다. 항상 먼저 솔선수범해서 함께하는 후배들이 부담을 느

낄 정도입니다. 일을 할 때 그는 사람들을 인격적으로 대합니다. 함께하는 사람의 나이나 실력에 상관없이 사람들의 얘기를 들어주고 편하게 해줍니다. 엔지니어로 예배에서 신경 쓸 일이 많이 있지만 늘 부르심의 자리에서 예배자로 나아갑니다. 정말 이런 엔지니어와 함께 사역하는 것은 큰 축복이 아닐 수 없습니다. 교회에서 엔지니어가 중요한 것은 찬양을 하거나 메시지를 전할 때 엔지니어가 소리전달의 최종 결정권을 갖고 있기 때문입니다.

문제는 목회자(예배 팀 리더)가 이들을 영적으로 돌보며 소통하지 않고 직원처럼 대하고 있는 것입니다. 먼저 엔지니어가 교회(예배)에서 얼마나 중요한 역할을 맡고 있는지 인식할 수 있도록 교육이 이루어져야 합니다. 가장 중요한 것은 소통인데, 소통의 질을 결정하는 것은 관계입니다. 예배팀에서 엔지니어가 한 팀이 되어 호흡할 수 있도록 함께 모이고 기도하고 마음을 나눠야합니다. 엔지니어는 항상 섬김의 자세로 사람들을 인격적(예배팀 멤버들 대다수가 음향을 잘 모르고, 엔지니어와 무엇을 소통해야 할지 모르고 있습니다.)으로 대하고, 예배자로 그 자리에 서야합니다. 보이지 않는 곳에서 무대 위의 사람들을 빛나게 하는 엔지니어에게 감사와 존경의 마음을 전하며 글을 마무리합니다.

# 예배인도자가 PPT 담당자에게 해 주고 싶은 조언

예배팀이 음향이나 예배의 중요한 부분을 리허설을 통해 점검하는 것처럼 PPT 담당자도 리허설이 필요합니다. 전통적인 교회에서 찬송가를 순서대로 부르는 경우라면 리허설이 필요하지 않을 수 있습니다. 하지만 현대적인(찬양과 경배) 예배에서는 즉흥적인 진행이나 많은 변화가 있기 때문에 곡과 곡이 어떻게 연결되고, 넘어가는 사인이 무엇인지, 곡의 시작으로 연결되는지 아니면 후렴으로 연결되는지, 리허설을 통해 예배인도자와 호흡하며 예배흐름을 읽고 준비해야 합니다.

또 하나 생각해 볼 것은 콘티에 없는 곡이 나올 때 바로 대응 할 수 있도록 준비해야 한다는 것입니다. 이전 교회의 경우 콘티에 없는 곡을 해도 전혀 당황하지 않고 바로 가사가 올라와서 예배에서 하나님이 주시는 마음을 실시간 자유롭게 예배에 반영할 수 있었는데, 여러 지역을 다녀보면 작은 교회는 담당자가 없는 경우도 많고, PPT담당자가 이런 부분에 훈련되어 있지 않은 것을 보게 되었습니다. 장비나 기술의 차이라고 할 수도 있을 것입니다. 하지만 더 중요한 것은 PPT담당자가 예배인도자와 마음을 같이 할 수 있고, 준비되어 있는가 하는 것이 더 중요하다고 생각합니다. PPT를 통해서 예배를 돕는다는 것은 예배의 모든 흐름을 읽고 함께 흐름을 타며 상황에 대처할 수 있도록 준비되는 것입니다.

PPT 담당자에게 예배를 도울 수 있는 팁을 나눈다면 첫째, 찬송가를 부르는 경우 절이 넘어갈 때 한 템포 빠르게 가사를 넘겨주어야 합니다. 찬송가의 경우 절이 많기 때문에 가사를 외우지 못하는 경우가 많습니다. 절이 넘어갈 때 가사가 빨리 넘어가지 않으면 예배팀이 당황하게 되고, 확신을 갖고 노래할 수 없을 것입니다. 둘째, 예배인도자가 멘트를 할 때나 곡의 전주가 나올 때 미리가사를 띄우지 말고 노래시작 바로 전에 띄어야 합니다. 예를 들어 예배인도자가 예배흐름에서 멘트를 한다는 것은 다음에 부를 노래를 준비하는 과정으로 볼 수 있습니다. 그런데 가사를 미리 띄우게 되면 성도들은 다음 흐름에 대한 기대감을 상실하게 될 것입니다. 가사가 먼저 뜬다는 것은 예배인도자가 예배를 인도하는 것이 아니라 PPT담당자가 예배를 인도하는 것과 같은 결과를 만들 수 있는 것입니다. PPT 담당자는 예배의 흐름을 알고 다음순서에 무엇이 나올지 이미 알고 있지만 예배인도자보다 앞서지 않고 끝까지 기다리며 적절한 타이밍에 가사를 띄어주어야 합니다.


## 예배인도자가 드럼 연주자에게 해 주고 싶은 조언

게이트웨이(Gateway)의 예배를 보면서 드러머의 연주가 상당히 절제되어 있고 예배에 적합한 연주를 하고 있다는 느낌을 받았습니다. 개인적으로 저는 요즘 드럼 연주자에게 심벌플레이를 많이 요구하고 있는데 드러머가 예배에 적합한 언어를 구사할 수 있다면 더 많은 말을 해도 좋다고 생각됩니다. 드러머로서 음악적인 실력은 당연하고(하지만 많은 경우 이 문제가 해결되지 않기 때문에 다음 단계를 기대할 수 없다.) 아래의 내용에 준비되어 있어야 합니다.

# 예배인도자를 돕기 위한 코드별 곡 모음

| | 빠른곡 | 느린곡 | 찬송가 |
|---|---|---|---|
| **C** | 거리마다 기쁨으로<br>거룩하신 하나님<br>거룩 거룩 거룩 만군<br>돌아서지 않으리<br>산과 시내와(lord reign)<br>새 노래로 주 찬양해<br>예수 감사하리 주의보혈<br>예수 나의 첫사랑 되시네<br>오 주 안에 내 믿음이<br>주 발 앞에(One Way)<br>주 이름 찬양(Blessed)<br>할렐루야 그 성소에서 | 거룩하신 성령이여<br>나를 받으옵소서<br>내 영혼아 여호와를<br>사랑하는 나의아버지<br>약한 나로 강하게(호산나)<br>우리 주 하나님<br>주님 다시 오실 때까지<br>주님은 산 같아서<br>주의 거룩하심 생각할 때<br>주품에 품으소서(Still)<br>하나님의 음성을<br>항상 진실케 | 귀하신 주여 날 붙드사(490)<br>내 평생에 가는 길(470)<br>마귀들과 싸울지라(388)<br>무덤에 머물러(150)<br>샘물과 같은 보혈은(190)<br>예수가 거느리시니(444)<br>정결하게 하는 샘이(198)<br>주 날개 밑(478)<br>주 예수보다 더(102) |
| **D** | 감사해요<br>내 평생 사는 동안<br>성령이여 내 영혼을<br>세상권세 멸하시려<br>예수 그는 크고 높고<br>주께 찬양 드리세<br>주님 뜻대로 살기로 했네<br>주님 나라가 이곳에<br>주의 자비가 내려와<br>주 이름 큰 능력 있도다<br>찬양의 제사 드리며<br>춤추는 세대 | 나 무엇과도 주님을<br>내 모습 이대로(J–US)<br>모든 이름 위에 뛰어난<br>목마른 사슴<br>예수 하나님의 공의<br>오소서 진리의 성령님<br>오직 주의 사랑에 매여<br>오직 주의 은혜로<br>우리 모일 때<br>주를 위한 이 곳에<br>주의 사랑을 주의 선하심을<br>주님 손에 맡겨(전심으로) | 거룩 거룩 거룩(9)<br>그 크신 하나님의 사랑(404)<br>내 주는 강한 성이요(384)<br>면류관 가지고(25)<br>복의 근원 강림하사(28)<br>아 하나님의 은혜로(410)<br>예수로 나의 구주(204)<br>예수 사랑하심은(411)<br>오 신실하신 주(447)<br>주 달려 죽은 십자가(147)<br>주를 앙모하는(394)<br>지금까지 지내온 것(460) |
| **E** | 강물 같은 주의 은혜<br>기뻐하며 승리의 노래<br>내 마음에 가득채운<br>내 영이<br>손을 높이 들고<br>여호와를 즐거이 불러<br>우리 함께 기뻐해<br>존귀 오 존귀하신 주<br>좋으신 하나님<br>찬송하라<br>크신 주께<br>해 뜨는데 부터<br>호흡 있는 모든 만물 | 나의 마음을 정금과 같이<br>내 이름 아시죠<br>내 주 같은 분 없네<br>마음의 예배(찬양의 열기)<br>밤이나 낮이나<br>사랑해요 목소리 높여<br>시선<br>아바 아버지<br>예수님 목마릅니다<br>예수피를 힘입어<br>예수 예수 예수<br>예배합니다<br>하나님은 너를 만드신 분<br>하나님은 너를 지키시는 자 | 내 맘의 주여 소망 (533)<br>내 주의 보혈은(186)<br>너 예수께 조용히 나가(483)<br>선한 목자 되신 우리 주(442)<br>옳은 길 따르라 의의 길(265)<br>참 아름다워라(78) |

| | 빠른곡 | 느린곡 | 찬송가 |
|---|---|---|---|
| **F** | 무덤 이기신 예수<br>어둠 속에서 불러내어<br>왕이신 하나님 높임을<br>주 예수 기뻐 찬양해<br>주의 이름 송축하리 | 거룩하신 하나님<br>나를 향한 주의 사랑<br>마음이 상한 자를<br>예수 어린 양 존귀한 이름<br>온 맘 다해(주님과 함께하는)<br>주님만 주님만 사랑하리<br>주님을 더욱<br>주 여호와 능력의 주<br>주의 아름다운 처소(I love)<br>지극히 높은 주님의<br>햇살보다 더 밝게<br>형제의 모습 속에 | 구주와 함께 나(465)<br>내주되신 주를 (512)<br>내 진정 사모하는(88)<br>만유의 주재(48)<br>이 몸의 소망 무엔가(539)<br>주 달려 죽은 십자가(147)<br>주와 같이 길가는 것(456)<br>죄 짐 맡은 우리 구주(487)<br>하나님 사랑은(418) |
| **G** | 기뻐하며 왕께 노래<br>나 기뻐하리<br>마지막 날에(성령이여)<br>부흥이 있으리라<br>생명주께 있네<br>여호와의 영광을<br>예수 주 승리하심 찬양해<br>왕 되신 주께 감사하세<br>주님의 영광 나타나셨네<br>주님 한 분만으로<br>주 신실하심 놀라와<br>찬양 중에 눈을(호산나) | 그 사랑(아버지 사랑 내가)<br>내가 주인 삼은 모든 것<br>내 눈 주의 영광을 보네<br>모든 민족과 방언들<br>물이 바다 덮음같이<br>영광을 돌리세<br>예수는 왕 예수는 주<br>이 모든 것이(은혜 찬양)<br>잊을 수 없는 은혜<br>정결한 맘 주시 옵소서<br>하나님께서 당신을 통해 | 구주의 십자가 보혈로(182)<br>나의 갈길 다 가도록(434)<br>나의 영원하신 기업(492)<br>나의 죄를 씻기는(184)<br>내 구주 예수를(511)<br>내 영혼에 햇빛비치니(488)<br>내 영혼의 그윽히(469)<br>내 영혼이 은총 입어(495)<br>만복의 근원 하나님(1)<br>변찮는 주님의 사랑(214)<br>슬픈 마음 있는 사람(91) |
| **A** | 살아계신 주<br>엎드려 절하세<br>예수 나의 첫 사랑 되시네<br>영광의 주님 찬양하세<br>주님 같은 반석은 없도다<br>주님은 아시네<br>주 이름 찬양<br>주의 집에 영광이 가득해<br>지금은 엘리야 때처럼<br>찬양하세<br>풀은 마르고 꽃은 시드나<br>하늘에 계신 아버지<br>하늘위에 주님 밖에 | 나는 믿네—남미워십<br>나의 안에 거하라<br>내 구주 예수님<br>모든 상황 속에서<br>우리 보좌 앞에 모였네(비전)<br>여호와께 돌아가자(J-US)<br>예수 우리 왕이여<br>온전케 되리(주 앞에 나와)<br>전능하신 나의 주 하나님<br>주가 보이신 생명의 길<br>주께 가까이 날 이끄소서<br>주께 가오니 날 새롭게<br>주님 곁으로 날 이끄소서<br>하나님의 사랑을 사모하는 자 | 내 맘에 한 노래있어(468)<br>내 영혼의 그윽히(469)<br>예수는 나의 힘이요(93)<br>만복의 근원 하나님(1)<br>만 입이 내게 있으면(23)<br>시온의 영광이 빛나는(248)<br>저 높은 곳을 향하여(543)<br>찬양하라 복되신 구세주(46)<br><br>Ab<br>갈보리 산위에(135)<br>너 근심 걱정 말아라(432)<br>빛나고 높은 보좌와(27)<br>성도여 다 함께(29) |

# 예배세트(좋은 예배 흐름)모음

　새로운 노래를 만나면 본능적으로 곡의 가사를 묵상하면서 앞뒤로 연결해서 부르면 어울릴 것 같은 곡을 찾게 됩니다. 음악으로 예배를 돕는다고 할 때 연속성을 갖고 점진적으로 발전할 수 있는 좋은 흐름을 만드는 것이 중요한데, 이때 중요한 것이 노래의 연결입니다. 예배에서 자연스러운 흐름을 만들기 위해서는 노래의 내용적인 개연성과 음악의 조(key), 템포(빠르기), 리듬이 맞아야 합니다. 몇 가지 좋은 예를 모아봤습니다

## C key

사랑하는 나의 아버지(C key → D key) key를 D key로 올려서
→ 예수 하나님의 공의(D key) 후렴으로 연결

## D key

하나님의 은혜(D key)
→ 아 하나님의 은혜로/ 찬송가(D key) 후렴으로 연결
→ 오직 주의 은혜로(D key), 오직 주의 사랑에 매여(D key)

주의 사랑을 주의 선하심을(D key)
→ 그 크신 하나님의 사랑/ 찬송가(4/4박자로)

이 날은 주가 지으신 날(D key → E key) key를 E key로 올려서
→ 우리 함께 기뻐해(E key)

## E key

예수피를 힘입어(E key) → 예배합니다(E key)
나를 지으신 주님(E key) → 아바 아버지(E key)
주 예수 기뻐 찬양해(E key) → 우리 함께 기뻐해(E key)

해 뜨는데부터(E key)→ 손을 높이 들고(E key)

## F key

거룩하신 하나님 주께 감사(F key)
→ 약할 때 강함 되시네(F key)

온 맘 다해(F key → G key) 후렴에서 key를 G key로 올려서
→ 내 구주 예수를 더욱 사랑/ 찬송가(G key)

## G key

곤한 내 영혼 편히 쉴 곳과/ 찬송가(G key)
→ 주의 친절한 팔에 안기세/ 찬송가(G key)

다 와서 찬양해(G key) → 기뻐하며 왕께(G key)
일어나라 주의백성(G key)→ 나 기뻐하리(G key)
마지막 날에(G key)→ 주님의 영광 나타나셨네(G key)
생명 주께 있네(G key)→ 부흥이 있으리라(G key)
내 눈 주의 영광을 보네(G key)→ 모든 민족과 방언들 가운데(G key)

## A key

예수 우리 왕이여(A key)→ 임재(A key)

주님 큰 영광 받으소서(A key)
→ 내가 만민 중에(A key) 후렴으로 연결

위대하신 주(A key)
→ 주 하나님 지으신 모든 세계/ 찬송가(A key) 후렴으로 연결

하늘 위에 주님 밖에(A key)→ 새 힘 얻으리 주를 바랄 때(A key)

# 당신이 예배인도자라면..(CCM룩 96년 11월호 발췌)

여러분이 예배(찬양)인도자라면 혹시 준비 없이 찬양과 예배를 인도하지는 않습니까? 그것은 교만이며 예배를 망치는 지름길임을 말씀드리고 싶습니다. 하나님께 드리는 예배에는 그에 합당한 준비가 필요하지요. 여기에 그 몇 가지 도움이 될 원칙들을 적어 보았습니다.

## 1. 예배의 주제를 정하라.

호산나의 라이브 워십 앨범을 보면 앨범 제목이 곧 그 예배의 주제가 되어 하나의 목표를 향해 모든 선곡이 맞추어져 있는 것을 볼수 있다. 예배를 준비하는 사람들(말씀을 전하는 사람이 있다면 함께 하라)이 모여서 예배의 주제와 초점을 놓고 기도하며 결정하는 일이 필요하다. 주제가 없는 예배는 혼란하고 무의미한 시간이 되기 쉽기 때문이다.

## 2. 예배의 의미에 대해서 다시 묵상하라.

왜 예배를 드리고 찬양하는가에 대해서 공부하고 배운 것을 떠올리라. 예배에 대한 개념 없이 예배를 인도하는 것은 실제로 불가능하다. 예배에 대한 말씀과 내용을 묵상하고 예배의 의미를 기억하는 것은 찬양예배를 준비하는 중요한 과정중의 하나이다.

## 3. 기도하라.

하나님의 임재하심과 복 주심을 위해서 기도하라. 하나님께서 간섭하지 않는 예배는 더 이상 예배가 아니다. 예배인도 팀(찬양 팀)에 있는 사람들과 함께 예배의 의미에 대해서 묵상한 것을 함께 고백하고 기도하는 시간을 갖는다.

## 4. 예배의 주제에 합당한 말씀을 찾으라.

말씀은 예배의 방향을 잡아주고 인도자들을 붙잡아 주는 힘이 된다. 찬양예배를 통해서 계속 의지해야 할 말씀을 찾고 묵상하라. 예배가 시작될 때 주제와 함께 이야기해 주며 회중들에게 도전을 주라.

## 5. 주제에 연결되는 곡들을 선택하라.

곡을 선정하는 가장 중요한 요소는 주제와 연결이 되는지의 여부이다. 주제와 상관없이 인도자가 좋아하는 곡이나 곡의 분위기만을 좇아간다면 오히려 예배가 방해가 될 뿐이다.

## 6. 예배의 패턴을 정하라.

성경에는 수많은 예배의 모델들이 있다. 성막 모델로부터 시작해서 우리가 창조적으로 응용할 수 있는 다양한 예배의 방법들이 나와 있다. 예배의 흐름을 자연스럽게 할 수 있는 패턴을 결정한다.

1) 일반적인 패턴(주로 호산나뮤직의 예배 앨범은 이 패턴을 따른다.)

　- 찬양과 감사로 예배에 들어간다.

　- 조금 느린 예배 곡으로 전환한다.

　- 깊은 예배에 들어간다.

　　하나님에 대한 깊은 묵상과 교제가 가능하도록 한다.

　- 무거운 기분으로 예배를 마치지 않도록 다시 기쁜 찬양의 시
　　간을 가진다.

2) 이사야 6장의 패턴

　- 찬양으로 시작한다.(이사야는 하나님을 보고 찬양했다.)

　- 죄를 고백하고 회개한다.

　　(이사야는 자신이 정결하지 못함을 고백했다.)

　- 감사의 응답을 드린다.

　　(이사야는 숯불로 정결케 된 후에 감사를 드렸다.)

　- 하나님께 위탁(Commitment)한다.

　　(이사야는 자신을 사용해 달라고 했다.)

　　그 밖에도 성막의 패턴, 역대하 7장의 패턴 등등 많은 예배의 패턴이 성경에 나와 있다. 이러한 예배의 흐름, 패턴을 'Worship Set' 이라고 부르기도 한다.

7. 최종적으로 곡을 결정한다.

　　주제에 맞게 선정한 곡들을 패턴에 맞게 배열한다. 이때는 주제

뿐만 아니라, 패턴, 빠르기, 코드(Key), 스타일 등도 고려해야 한다. 또 인도자의 이야기(멘트)가 어느 때 들어가야 할지도 결정한다.

## 8. 예배(찬양)인도팀과 함께 준비한다.

예배인도에 참여하는 모든 사람들에게 주제와 곡의 순서 등을 알려 주고 각각의 역할을 분명히 해 둔다. 그리고 각자 준비할 수 있는 시간을 준다.

## 9. 음향장비, 악기, 악보 등을 준비한다.

사소한 준비 부족으로 예배때에 어려움을 겪을 수 있다. 특히 음향과 장비는 철저하게 점검하고 준비해 둔다.

## 10. 최종 연습을 한다.

생각지 못했던 문제나 잘못된 점을 찾기 위해 함께 연습하라. 연습을 충실히 한다면 예배 할 때에 더욱 자유로워질 수 있다

## 11. 다시 기도하라.

준비와 연습을 마쳤지만 여전히 예배는 하나님 손에 달려있다. 하나님을 의지하고 그분께 위탁하는 기도를 드린다. 그리고 예배를 하나님께서 자유롭게 인도해 주시도록 자신을 열어 놓는다. 하나님께서 생각지 못했던 놀라운 방법으로 인도하실 것이다.

# 글을 마무리하며

　[참된 예배자를 위한 예배묵상]에 이은 두 번째 책[예배콘티 작성의 원리와 실제]는 매주 교회에서 예배를 준비해서 섬기고 있는 예배(찬양)인도자를 어떻게 하면 도울 수 있을까 하는 생각에서 시작되었습니다. 제가 사역을 시작했을 때를 생각해보면 예배인도자로 세워졌지만 누구도 저에게 이 사역에 대해 가르쳐 주었던 분이 없었다는 생각이 듭니다. 지금도 교회 예배사역 현장을 돌아보면 이전과 그리 다르지 않은 것을 보게 됩니다. 지난시간 사역 현장에서 수많은 시행착오를 하면서 하나님 앞에서 배웠던 예배사역의 노하우를 잘 정리해서 나눌 수 있다면 후배사역자에게 큰 도움이 되리라는 생각을 갖게 되었습니다. 부족하지만 용기를 내어 쓴 이 책이 하나님의 임재와 영광이 드러나는 예배를 꿈꾸며 예배하고 있는 예배사역자들과 사역을 준비하고 있는 예배자에게 영감을 주는 좋은 안내자가 되기를 기대합니다.